Análise de custos:
uma abordagem simples e objetiva

Análise de custos:
uma abordagem simples e objetiva

Eduardo Felicíssimo Lyrio
Sidmar Roberto Vieira Almeida
Guilherme Teixeira Portugal

Copyright © 2017 Editora Manole Ltda., conforme contrato com os autores.

Editora gestora: Sônia Midori Fujiyoshi
Editora responsável: Ana Maria da Silva Hosaka
Produção editorial: Marília Courbassier Paris
Diagramação: Elisabeth Miyuki Fucuda
Capa e projeto gráfico: Departamento de Arte da Editora Manole

Dados Internacionais de Catalogação na Publicação (CIP)
(Câmara Brasileira do Livro, SP, Brasil)

Lyrio, Eduardo Felicíssimo
   Análise de custos : uma abordagem simples e objetiva / Eduardo Felicíssimo Lyrio, Sidmar Roberto Vieira Almeida, Guilherme Teixeira Portugal. -- Barueri, SP : Manole, 2017.

   Bibliografia
   ISBN: 978-85-204-5046-8

   1. Contabilidade 2. Custos - Contabilidade 3. Finanças I. Almeida, Sidmar Roberto Vieira. II. Portugal, Guilherme Teixeira. III. Título.

17-03525   CDD-657.07

Índices para catálogo sistemático:
1. Contabilidade : Estudo e ensino 657.07

Todos os direitos reservados.
Nenhuma parte deste livro poderá ser reproduzida, por qualquer processo, sem a permissão expressa dos editores. É proibida a reprodução por xerox.

A Editora Manole é filiada à ABDR – Associação Brasileira de Direitos Reprográficos.

1ª edição – 2017

Editora Manole Ltda.
Avenida Ceci, 672 – Tamboré
06460-120 – Barueri – SP – Brasil
Fone: (11) 4196-6000 – Fax: (11) 4196-6021
www.manole.com.br
info@manole.com.br

Impresso no Brasil
Printed in Brazil

Durante o processo de edição desta obra, foram tomados todos os cuidados para assegurar a publicação de informações precisas e de práticas geralmente aceitas. Do mesmo modo, foram empregados todos os esforços para garantir a autorização das imagens aqui reproduzidas. Caso algum autor sinta-se prejudicado, favor entrar em contato com a editora.

Os autores e os editores eximem-se da responsabilidade por quaisquer erros ou omissões ou por quaisquer consequências decorrentes da aplicação das informações presentes nesta obra. É responsabilidade do profissional, com base em sua experiência e conhecimento, determinar a aplicabilidade das informações em cada situação.

Sumário

Sobre os autores..VII
Apresentação IX

PARTE I
CONTABILIDADE DE CUSTOS

CAPÍTULO 1
Introdução à contabilidade de custos..3

CAPÍTULO 2
Terminologia aplicada à contabilidade de custos.................................. 15

CAPÍTULO 3
Tipos de custeio 31

CAPÍTULO 4
Avaliação das saídas para a produção...53

CAPÍTULO 5
Materiais diretos, subprodutos e sucatas 61

CAPÍTULO 6
Exercícios e questões 65

PARTE II
DECISÕES FINANCEIRAS DE CURTO PRAZO

CAPÍTULO 7
Introdução à análise decisorial 155

CAPÍTULO 8
Exercícios e questões 167

Glossário 183
Referências 209
Índice remissivo 211

Sobre os autores

Eduardo Felicíssimo Lyrio

Graduado em Ciências Contábeis pela Faculdade Presbiteriana Mackenzie (Rio) e mestre em Ciências Contábeis pela Universidade do Estado do Rio de Janeiro (Uerj). Coordenador financeiro da Faculdade de Administração e Finanças da Uerj (FAF/Uerj). Professor assistente da Uerj, onde também atua como professor convidado do núcleo de pós-graduação e coordenador do curso de especialização em Planejamento e Finanças (NPG/FAF/Uerj). Professor do curso de Administração na Faculdade Cnec. Realiza pesquisas nos campos da contabilidade e da administração, nos quais também possui experiência profissional, atuando nas áreas de vendas, tesouraria, controladoria, contas a pagar e a receber, operações entre companhias, relatórios financeiros (ITR, DFC) conforme normas vigentes da Comissão de Valores Mobiliários (CVM), do Comitê de Pronunciamentos Contábeis (CPC) e do International Accounting Standards Board (Iasb), passivo atuarial, atendimento e suporte à auditoria, gestão financeira e de custos e conciliação bancária.

Sidmar Roberto Vieira Almeida

Graduado em Ciências Contábeis pela Universidade do Estado do Rio de Janeiro (Uerj) e em Administração de Empresas pela Universidade Federal do Rio de Janeiro (UFRJ). Mestre em Ciências Contábeis pela Uerj com MBA em Gerenciamento Avançado em Finanças pela Universidade Federal Fluminense (UFF) e doutorando em Psicologia Social pela Universidade Salgado de Oliveira (Universo). Professor assistente do curso de Ciências Contábeis da Uerj, onde também atua como professor convidado do núcleo de pós-graduação e coordenador do curso de especialização em Controladoria Societária (NPG/FAF/Uerj). Coordenador e professor do curso de Administração da Faculdade Cnec, além de tutor e gestor de ensino a distância (EAD) na mesma instituição (polo Ilha do Governador). Coordenador do curso de Ciências Contábeis da Universo e professor do curso de Ciências Contábeis da Universo EAD. É autor de inúmeras publicações e tem experiência em grandes empresas de telecomunicações e varejo, estudando, discutindo e aplicando todos os regulamentos expedidos pela Comissão de Valores Mobiliários (CVM), pelo Comitê de Pronunciamentos Contábeis (CPC) e pelo International Accounting Standards Board (Iasb). Atua nas áreas de controladoria, custos, orçamento, finanças, relatórios contábeis, relação com investidores e auditoria.

Guilherme Teixeira Portugal

Especialista em Finanças Corporativas pela Pontifícia Universidade Católica do Rio de Janeiro (PUC-Rio), mestre em Ciências Contábeis pela Universidade Federal do Rio de Janeiro (UFRJ). Doutor em Engenharia com ênfase em Finanças pela UFRJ. Diretor da Faculdade de Administração e Finanças (FAF) da Universidade Estadual do Rio de Janeiro (Uerj) e coordenador do mestrado em Ciências Contábeis da mesma instituição, onde também atua como professor adjunto. Leciona e já lecionou em diversos cursos de pós-graduação em instituições como PUC-Rio, Fundação Getulio Vargas (FGV-RJ) e UFRJ. Atuou como *controller* da Látex Lemgruber, Tati Látex e Schueler Máquinas, e como consultor em diversas empresas nacionais e multinacionais. Realizou projetos de pesquisa e extensão, com destaque para a elaboração de sistema integrado de orçamento e controle da construção naval para o Banco Nacional de Desenvolvimento Econômico e Social (BNDES). É autor do livro *Gestão de custo: a fábrica* e de dezenas de artigos em congressos e revistas nacionais e internacionais. Vencedor do prêmio de melhor artigo do Congresso Brasileiro de Custos (2001).

Apresentação

A presente obra aborda, de forma simples e sem muitos rodeios, um assunto que pode vir a ser pesadelo para os iniciantes no tema, principalmente os alunos de graduação. Que assunto é esse? Contabilidade de custos.

Este livro está dividido em duas partes. A primeira discorre sobre os principais conceitos que são de vital importância para o entendimento, principalmente jargões e termos contábeis, de custos. Traz os principais sistemas de custeio utilizados no Brasil, que são o custeio por absorção, o custeio variável e o custeio baseado em atividades, conhecido como ABC.

A segunda parte aborda a gestão de curto prazo, fator importante para a gerência financeira de empresas, especialmente as micro/pequenas empresas, pois nelas existe grande histórico de mortalidade, principalmente em virtude da má gestão financeira.

Com o intuito de fornecer uma iniciação no assunto, cada tópico apresenta exemplos práticos e comentados. Ao final de cada capítulo são apresentadas questões de fixação dos conteúdos, cujas repostas podem ser encontradas no final de cada parte, junto com os demais exercícios, incluindo testes e questões de concurso.

Além disso, é disponibilizado, no final do livro, um glossário com os principais termos usados na contabilidade de custos, para facilitar ainda mais o entendimento do leitor.

Esperamos que a leitura desta obra possa contribuir para o desenvolvimento profissional e que seja uma conversa agradável do início ao fim!

Boa leitura!

Os autores

PARTE I

CONTABILIDADE DE CUSTOS

CAPÍTULO 1

Introdução à contabilidade de custos

O objetivo deste capítulo é apresentar os principais aspectos que envolvem a contabilidade de custos, possibilitando ao leitor:
- ✓ Entender o mecanismo básico da contabilidade de custos.
- ✓ Introduzir os conceitos de ativo, passivo, patrimônio líquido, receitas e despesas.
- ✓ Conhecer os princípios contábeis relevantes aplicados à contabilidade de custos.

A contabilidade pode ser entendida como a ciência social que tem por objetivo medir, para poder informar, os aspectos quantitativos e qualitativos do patrimônio de quaisquer entidades. Por seu intermédio, a sociedade é informada sobre o resultado da aplicação dos recursos conferidos às entidades, por meio de grupamentos de transações com as mesmas características econômicas. Essas classes amplas são denominadas elementos das demonstrações contábeis. Os elementos diretamente relacionados à mensuração da *posição patrimonial* e financeira no balanço patrimonial são os ativos, os passivos e o patrimônio líquido. Os elementos diretamente relacionados com a mensuração do *desempenho* na demonstração do resultado são as receitas e as despesas.

As definições de ativos, passivos e patrimônio líquido, segundo o Comitê de Pronunciamento de Contábeis (CPC, 2015), são apresentadas a seguir.

Ativo é um recurso controlado pela entidade como resultado de eventos passados e do qual se espera que fluam futuros benefícios econômicos.

A entidade geralmente emprega os seus ativos na produção de bens ou na prestação de serviços capazes de satisfazer os desejos e as necessidades dos consumidores. Tendo em vista que esses bens ou serviços podem atender a suas demandas, os consumidores se predispõem a pagar por eles e a contribuir assim para o fluxo de caixa da instituição. O caixa por si só tem serventia a entidade, visto que exerce um comando sobre os demais recursos.

Os benefícios econômicos futuros incorporados a um ativo podem fluir para a entidade de diversas maneiras. Por exemplo, o ativo pode ser: usado isoladamente ou em conjunto com outros ativos na produção de bens ou na prestação de serviços a serem vendidos; trocado por outros ativos; usado para liquidar um passivo; ou distribuído aos proprietários da empresa.

Um ativo deve ser reconhecido no balanço patrimonial quando for provável que vantagens econômicas futuras dele provenientes fluirão para a entidade e seu custo ou valor puder ser mensurado com confiabilidade. Esse benefício representa o seu potencial em contribuir para o fluxo de caixa da instituição. Tal potencial pode ser produtivo quando o recurso for parte integrante das atividades operacionais da entidade, pode ser uma forma de conversibilidade em caixa ou, ainda, capaz de reduzir as saídas de caixa, como no caso de processo industrial alternativo que reduza os custos de produção.

Um ativo não deve ser reconhecido no balanço patrimonial quando os gastos incorridos não proporcionarem a expectativa provável de geração de benefícios econômicos para a instituição além do período contábil corrente. Em vez disso, tal transação deve ser reconhecida como despesa na demonstração do resultado.

Esse tratamento não implica dizer que a intenção da administração ao incorrer nos gastos não tenha sido a de gerar ganhos futuros para a entidade ou que a administração tenha sido mal conduzida. A única implicação é que o grau de certeza quanto à geração de benefícios econômicos para a entidade, além do período contábil corrente, é insuficiente para garantir o reconhecimento do ativo.

Já passivo é uma obrigação presente da entidade derivada de eventos passados, cuja liquidação se espera que resulte na saída de recursos capazes de gerar benefícios econômicos.

Uma característica essencial para a existência de passivo é que a entidade tenha uma obrigação presente. Uma obrigação é um dever ou responsabilidade de agir ou de desempenhar dada tarefa de certa maneira. As obrigações podem ser legalmente exigíveis em consequência de contrato ou de exigências estatutárias. Esse é normalmente o caso, por exemplo, das contas a pagar por bens e serviços recebidos.

A liquidação de uma obrigação presente geralmente implica a utilização, pela entidade, de recursos incorporados de benefícios econômicos a fim de satisfazer a demanda da outra parte. Essa ação pode ocorrer de diversas maneiras, por exemplo, por meio de: pagamento em caixa; transferência de outros ativos; prestação de serviços; substituição da obrigação por outra; ou conversão da obrigação em item do patrimônio líquido. A obrigação pode também ser extinta de outras formas, tais como pela renúncia do credor ou pela perda dos seus direitos.

Um passivo deve ser reconhecido no balanço patrimonial quando for provável que uma saída de recursos detentores de benefícios econômicos seja exigida em liquidação de obrigação presente e o valor pelo qual essa liquidação se dará puder ser mensurado com confiabilidade.

Finalmente, patrimônio líquido é o interesse residual nos ativos da entidade depois de deduzidos todos os seus passivos.

No Quadro 1.1 é apresentado, de maneira simples, como o balanço patrimonial está estruturado.

QUADRO 1.1 Balanço patrimonial

Patrimônio	
Ativo (aplicações)	Passivo (origens)
Bens e direitos	Obrigações com terceiros
	Patrimônio líquido Obrigações com os sócios

Fonte: Lyrio, Almeida e Portugal (2015).

A contabilidade cumpre a meta de registrar, resumir, classificar e comunicar as informações financeiras. Até o século XVIII, só havia a contabilidade financeira, que servia basicamente aos propósitos das empresas comerciais. Com a Revolução Industrial, houve necessidade de uma segmentação específica da ciência contábil que se dedicasse à questão dos custos, principalmente influenciada pelo advento de novas invenções e dos primeiros processos automatizados, que ocasionaram a produção em massa contrapondo-se à produção artesanal.

Como resultado desse aumento da produção houve a necessidade de mensuração da *performance* das empresas. Dessa forma, torna-se necessário reforçar as definições de receita e de despesa, componentes básicos na apuração do resultado de empresa.

O CPC00R1 (CPC, 2015) discorre sobre resultado:

> O resultado é frequentemente utilizado como medida de *performance* ou como base para outras medidas, tais como o retorno do investimento ou o resultado por ação. Os elementos diretamente relacionados com a mensuração do resultado são as receitas e as despesas. O reconhecimento e a mensuração das receitas e despesas e, consequentemente, do resultado, dependem em parte dos conceitos de capital e de manutenção de capital adotados pela entidade na elaboração de suas demonstrações contábeis.

Assim, o resultado deriva do confronto das receitas com as despesas, podendo ser positivo – lucro, se as receitas forem maiores que as despesas – ou negativo – prejuízo, se as receitas forem menores que as despesas.

Receitas são aumentos nos benefícios econômicos durante o período contábil, sob a forma da entrada de recursos ou do aumento de ativos ou diminuição de passivos, que resultam em aumentos do patrimônio líquido e que não estejam relacionados com a contribuição dos detentores dos instrumentos patrimoniais. A receita surge no curso das atividades usuais da entidade e é designada por uma variedade de nomes, como vendas, honorários, juros, dividendos, *royalties*, aluguéis (CPC00R1).

A receita deve ser reconhecida no resultado quando gerar aumento nos benefícios econômicos futuros, relacionado com aumento de ativo ou com diminuição de passivo, e puder ser mensurada com confiabilidade. Isso significa, na prática, que o reconhecimento da receita ocorre simultaneamente com o reconhecimento do aumento nos ativos ou da diminuição nos passivos (por exemplo, o aumento líquido nos ativos originado da venda de bens e serviços ou o decréscimo do passivo originado do perdão de dívida a ser paga).

Por sua vez, despesas são decréscimos nos benefícios econômicos durante o período contábil, sob a forma da saída de recursos ou da redução de ativos ou assunção de passivos, que resultam em decréscimo do patrimônio líquido e que não estejam relacionados com distribuições aos detentores dos instrumentos patrimoniais. A definição de despesas abrange tanto as perdas quanto as despesas propriamente ditas que surgem no curso das atividades usuais da entidade.

As despesas que surgem no curso das atividades usuais da entidade incluem, por exemplo, o custo das vendas, os salários e a depreciação. Geralmente, tomam a forma de desembolso ou redução de ativos, como caixa e equivalentes de caixa, estoques e ativo imobilizado (CPC00R1). Um entendimento simples e objetivo de despesa é *consumo*.

As despesas devem ser reconhecidas no resultado quando implicarem decréscimo nos benefícios econômicos futuros, relacionado com o decréscimo de um ativo ou o aumento de um passivo, e puderem ser mensuradas com confiabilidade. Isso significa, na prática, que o reconhecimento da despesa ocorre simultaneamente com o reconhecimento de aumento nos passivos ou de diminuição nos ativos (por exemplo, a alocação por competência de obrigações trabalhistas ou da depreciação de equipamento).

Além das despesas, há ainda os *custos*. Considera-se custo toda e qualquer aplicação de recursos para a produção e distribuição de mercadorias ou prestação de serviços, até o ponto em que possa receber o preço convencionado. O custo final é a soma dos custos realizados no processo de produção e distribuição, compreendendo todos os valores que devem ser cobertos pelo preço de venda, inclusive as despesas de cobrança das vendas, os tributos e as despesas de administração, transporte etc. Um entendimento simples e objetivo de custo é como valor gasto com bens e serviços para a produção de outros bens e serviços.

Ao falarmos da contabilidade de custos, temos de ter em mente os dois tipos básicos: as empresas comerciais e as indústrias.

As empresas comerciais são extremamente simples, pois possuem poucos insumos de custo. Quando as mercadorias são adquiridas para revenda, elas ficam no estoque. Quando elas são vendidas, são baixadas (retiradas do estoque) e classificadas como custo da mercadoria vendida. Na prática, todas as empresas vendem os produtos com valores superiores aos custos, objetivando o lucro. Empresas do segmento de varejo são exemplos clássicos dessa atividade. Exemplificando: uma empresa compra a mercadoria por R$ 5 e, posteriormente, vende por R$ 7, obtendo um lucro de R$ 2.

No caso das empresas industriais, a apuração do custo das mercadorias vendidas é mais árdua. Existem, basicamente, três estágios diferentes que o estoque percorre na sua fabricação. O primeiro estágio engloba as matérias-primas e os materiais auxiliares. Logo em seguida, esses materiais são requisitados pela fábrica e sobre eles passarão a ser executadas operações e tarefas pelos funcionários. Eles serão processados, mas ainda não serão concluídos (produtos em processo). A última fase engloba a conclusão de todos os processos necessários para que os produtos estejam prontos e disponíveis para a venda ou para o consumo (produtos acabados).

Como forma simples de apresentação, no Quadro 1.2 temos a representação dos estoques.

QUADRO 1.2 Exemplos de contas de controle de estoques

Matéria-prima		Produtos em processo		Produtos acabados	
Débitos	Créditos	Débitos	Créditos	Débitos	Créditos

Para facilitar o entendimento, lembre-se dos "*razonetes*" muito utilizados na contabilidade. Voltaremos a esse assunto mais à frente, entretanto é importante entender a lógica demonstrada antes.

1º passo – Matéria-prima: corresponde à compra de materiais.
Contabilização:
- Débito – matéria-prima (materiais).
- Crédito – caixa (quando do pagamento) ou fornecedores.

2º passo – Produtos em processo: correspondem aos materiais diretos consumidos na etapa anterior e que irão para produtos em elaboração.
Contabilização:
- Débito – produtos em elaboração.
- Crédito – matéria-prima (materiais).

Ainda nos "produtos em processo" haverá a inserção da mão de obra direta e dos custos indiretos de fabricação (CIFs).

3º passo – Produtos acabados: correspondem ao custo da produção acabada que irá para os produtos acabados.
Contabilização:
- Débito – produtos acabados.
- Crédito – produtos em elaboração.

Lembre-se de que as contas podem ter natureza devedora e credora. As contas de natureza devedora são representativas dos bens, direitos, despesas e custos. As contas credoras são representativas das obrigações, do patrimônio líquido, das receitas e dos ganhos.

O mecanismo de débito e crédito está resumido no Quadro 1.3.

QUADRO 1.3 Resumo dos lançamentos

Ativo	Passivo	Resultado
Aumenta = débito	Aumenta = crédito	Receita = crédito
Diminui = crédito	Diminui = débito	Despesa = débito

Fonte: Lyrio, Almeida e Portugal (2015).

PRINCIPAIS PRINCÍPIOS APLICADOS À CONTABILIDADE DE CUSTOS

No exercício da atividade profissional do contabilista existem regras gerais que norteiam os procedimentos contábeis. Esses princípios objetivam um tratamento contábil uniforme e a qualidade dos relatórios contábeis. A seguir serão apresentados os principais princípios que norteiam a contabilidade de custos.

Princípio do registro pelo valor original

Esse princípio estabelece que os registros contábeis sejam efetuados com base no valor de aquisição do bem (valor original) ou pelo preço de fabricação. A compra de matéria-prima será registrada pelo seu valor original de aquisição. Tal valor permanecerá intacto na escrituração contábil até que o elemento seja baixado do patrimônio.

Princípio da consistência ou uniformidade

Quando há diversas alternativas para o registro contábil de um mesmo fato, todas válidas dentro dos princípios fundamentais de contabilidade, a entidade deve adotar uma delas de forma consistente/uniforme. A alternativa adotada deverá ser utilizada sempre, não sendo permitido que a entidade mude de critério a cada período. Tal procedimento visa facilitar a comparação das informações apresentadas.

Princípio da prudência ou do conservadorismo

O contador adotará sempre uma posição conservadora, pessimista, quando houver qualquer julgamento. Dessa forma, o julgamento profissional do contador com as duas situações igualmente possíveis será *sempre* a de antecipar prejuízo e nunca a de antecipar lucro.

Por exemplo, se uma indústria possuir estoque de produtos acabados cujo custo de fabricação seja de R$ 25 milhões, e o valor de mercado (preço que a empresa obteria se vendesse seu estoque hoje) fosse de R$ 20 milhões, o contador, por conservadorismo/prudência, deverá antecipar o prejuízo de R$ 5 milhões (R$ 20 MM – R$ 25 MM), mesmo que os produtos ainda não tenham sido vendidos. Esse entendimento é conhecido na contabilidade como valor realizável líquido.

Note que o prejuízo ainda não ocorreu, contudo, para não esconder dos acionistas uma situação negativa que poderá acontecer em futuro próximo, o prejuízo deverá ser antecipado. Afinal, o estoque de mercadorias é avaliado pelo valor de custo ou pelo valor de mercado; dos dois, o menor valor.

Princípio da competência

O reconhecimento das despesas é feito de acordo com a seguinte regra, conhecida como princípio da competência ou da confrontação entre despesas e receitas: após o reconhecimento da receita, deduzem-se dela todos os valores representativos dos esforços necessários para a sua obtenção (despesas).

Conforme determina o CPC26R1 (CPC, 2015), em seus itens 27 e 28:

> 27. A entidade deve elaborar as suas demonstrações contábeis, exceto para a demonstração dos fluxos de caixa, utilizando-se do regime de competência.
> 28. Quando o regime de competência é utilizado, os itens são reconhecidos como ativos, passivos, patrimônio líquido, receitas e despesas (os elementos das demonstrações contábeis) quando satisfazem as definições e os critérios de reconhecimento para esses elementos contidos na Estrutura Conceitual para Elaboração e Divulgação de Relatório Contábil-Financeiro.

Mas o que isso significa? Significa que, quando existe um fato contábil, por exemplo, uma empresa vende seu produto a prazo (60 dias) por R$ 10.000,00, essa transação deverá ser reconhecida no momento em que ocorre, independentemente de ter havido o recebimento ou não. Como fica essa contabilização? Vamos usar uma data qualquer, 10 de outubro de 2025:

D – clientes (ativo circulante) – 10.000,00.
C – receitas com vendas (resultado) – 10.000,00.

A conta "clientes" é um ativo, pois se trata de um "direito", ao mesmo tempo que a receita é uma conta de "resultado", e ambos são reconhecidos simultaneamente em 10 de outubro de 2025, conforme determinam as partidas dobradas: para cada lançamento a débito, deve-se ter um ou mais lançamentos a crédito que igualam o valor do débito e vice-versa.

O *regime de caixa* controla as entradas e saídas de recursos financeiros somente quando estas ocorrem, diferentemente do regime de competência, que controla cada fato contábil. Assim, pelo regime de caixa, somente há a incidência quando há ingressos ou desembolsos por parte da empresa. Vamos ao exemplo dessa venda, evidenciando em uma demonstração de resultado do exercício (DRE) os dois regimes na Tabela 1.1.

TABELA 1.1 Comparação entre regimes

Descrição	Regime de competência			Regime de caixa		
	Out.	Nov.	Dez.	Out.	Nov.	Dez.
Receita com vendas	10.000,00	0,00	0,00	0,00	0,00	10.000,00
(–) Despesas	0,00	0,00	0,00	0,00	0,00	0,00
(=) Resultado	10.000,00	0,00	0,00	0,00	0,00	10.000,00

Conforme se pode verificar pelo regime de competência, a venda foi reconhecida no momento em que ocorreu, ou seja, em 10 de outubro de 2025. Já pelo regime de caixa, verifica-se que a empresa somente reconheceu essa venda em dezembro de 2025, data do recebimento da venda ao cliente.

Princípio da realização da receita

Esse princípio determina que o resultado (lucro ou prejuízo) deve ser reconhecido apenas quando da realização da receita. Em regra, a receita é realizada quando ocorre a transferência do bem ou do serviço para terceiros.

Em relação ao reconhecimento das receitas, segundo o CPC em seu pronunciamento CPC30 (CPC, 2015), itens 18 e 19:

18. A receita só deve ser reconhecida quando for provável que os benefícios econômicos associados à transação fluirão para a entidade. Em alguns casos específicos isso só pode ser determinado quando do recebimento ou quando a incerteza for removida. Por exemplo, pode ser incerto que uma autoridade governamental estrangeira conceda permissão para que a entidade compradora remeta o pagamento da venda efetuada a um país estrangeiro. Quando a permissão for concedida, a incerteza desaparece e a receita deve ser reconhecida. Entretanto, quando surgir incerteza relativa à realização de valor já reconhecido na receita, o valor incobrável ou a parcela do valor cuja recuperação é improvável deve ser reconhecido como despesa e não como redução do montante da receita originalmente reconhecida.

19. A receita e as despesas relacionadas à mesma transação ou a outro evento devem ser reconhecidas simultaneamente; esse processo está vinculado ao princípio da confrontação das despesas com as receitas (regime de competência). As despesas, incluindo garantias e outros custos a serem incorridos após o despacho dos bens, podem ser mensuradas com confiabilidade quando as outras condições para o reconhecimento da receita tenham sido satisfeitas. Contudo, quando as despesas não puderem ser mensuradas com confiabilidade, a receita não pode ser reconhecida. Em tais circunstâncias, quaisquer contraprestações já recebidas pela venda dos bens devem ser reconhecidas como passivo.

RESUMO DO CAPÍTULO

Neste capítulo foram apresentados os elementos relacionados à mensuração da posição patrimonial (ativos, passivos e patrimônio líquido) e do desempenho (receitas e despesas) das entidades. Também foi discutida a mensuração dos estoques nas empresas comerciais e nas indústrias, demonstrando os três estágios diferentes que o estoque percorre na sua fabricação e sua respectiva contabilização, além dos principais princípios contábeis aplicados à contabilidade de custos.

> **Saiba mais...**
> A contabilidade pode ajudar o empreendedor a criar as condições necessárias para a continuidade e o sucesso de um negócio. Você saberia dizer como a contabilidade pode fazer isso? Como a contabilidade é feita atualmente? No Brasil, ainda se esbarra em burocracia?
> Pesquise sobre o assunto e debata com os colegas sobre as respostas às perguntas apresentadas.

QUESTÕES DE FIXAÇÃO

1. Defina receita.
2. Defina despesa.
3. O que são ativos?
4. O que são passivos?
5. O que é patrimônio líquido?

CAPÍTULO 2

Terminologia aplicada à contabilidade de custos

O objetivo deste capítulo é apresentar os principais termos aplicados à contabilidade de custos, possibilitando ao leitor:
- ✓ Conhecer a terminologia básica aplicada à contabilidade de custos.
- ✓ Familiarizar-se com o balanço patrimonial e a demonstração do resultado do exercício.
- ✓ Observar os impactos do registro de custos e despesas no patrimônio em uma entidade.
- ✓ Diferenciar custos de despesas.
- ✓ Classificar os tipos de custos.

A seguir são apresentados os principais termos aplicados à contabilidade de custos. É importantíssimo diferenciar cada um deles. Eles serão a base para toda a contabilidade de custos.

- **Desembolso:** corresponde ao pagamento efetuado pela aquisição de um bem ou serviço, podendo ocorrer concomitantemente com o gasto, quando o pagamento é à vista, ou posteriormente ao gasto, quando o pagamento é a prazo.
- **Gasto:** é a compra de um produto ou serviço qualquer que gera *sacrifício financeiro* para a entidade (desembolso). Esse sacrifício é representado por entrega ou promessa de entrega de ativos. O gasto vai existir no momento em que houver o reconhecimento contábil da dívida assumida ou da redução do ativo dado em pagamento.

Exemplo: gasto com aluguel de instalações, gastos com desenvolvimento de produtos, gastos com aquisição de máquinas, gastos com honorários da diretoria, gastos com a compra de um imobilizado.

Os gastos se desmembram em *investimentos, custos* e *despesas*. A seguir a definição de cada um deles.

- **Investimentos:** correspondem ao gasto com bem ou serviço ativado em função de vida útil ou de benefícios atribuíveis a períodos futuros.

Exemplo: aquisição de móveis e utensílios, aquisição de imóveis, ações adquiridas de outras empresas e aquisição de patentes.
Aquisição de matérias-primas. O gasto com a aquisição de matérias-primas adquiridas pela empresa e que ainda *não* foram utilizadas no processo de produção de bens ou serviços é considerado um investimento.

- **Custos:** correspondem aos gastos com bens ou serviços que serão consumidos *na produção* de outros bens ou serviços. Custo é todo gasto incorrido no processo produtivo ou no processo de prestação de serviços.

Exemplo: matéria-prima no processo de produção, seguro das instalações da fábrica e depreciação dos equipamentos utilizados na produção.
Aquisição de matérias-primas. No momento em que as matérias-primas adquiridas pela empresa *passam a ser utilizadas no processo produtivo* de bens ou serviços, deixam de ser consideradas investimentos (classificados no ativo circulante – estoque de matéria-prima) e passam a ser consideradas *custos de produção*. A matéria-prima foi um gasto na sua aquisição que, imediatamente, se transformou em investimento, e assim ficou durante o tempo de sua estocagem, sem que aparecesse nenhum custo associado a ela. No momento de sua utilização na *fabricação* de um bem, surge o custo da matéria-prima como parte integrante do bem elaborado.

- **Despesas:** são gastos com bens ou serviços não utilizados nas atividades produtivas e consumidos com a finalidade de obtenção de receitas. São itens que reduzem o patrimônio líquido e que têm a característica de representar sacrifícios no processo de obtenção de receitas.

Exemplo: comissão de vendedores, frete para entrega dos produtos vendidos, salários e encargos do pessoal administrativo.

Resumindo, a empresa tem (incorre em) despesas para gerar (realizar) receitas e tem (incorre em) custos para produzir bens e serviços. Um entendimento simples e objetivo: custos são todos os gastos realizados até que o produto fique pronto; a partir desse ponto, todos os gastos passam a ser despesas.

Quando as despesas deverão ser reconhecidas? Ainda de acordo com o Comitê de Pronunciamento Contábil (CPC), as despesas devem ser reconhecidas na demonstração do resultado do exercício quando resultarem em decréscimo nos benefícios econômicos futuros, relacionado com o decréscimo de um ativo ou o aumento de um passivo, e puderem ser mensuradas com confiabilidade. Isso significa, na prática, que o reconhecimento da despesa ocorre simultaneamente com o reconhecimento de aumento nos passivos ou de diminuição nos ativos.

As despesas devem ser reconhecidas no resultado com base na associação direta entre elas e os correspondentes itens de receita. Esse processo, usualmente chamado de confrontação entre despesas e receitas (regime de competência), envolve o reconhecimento simultâneo ou combinado das receitas e despesas que resultem direta ou conjuntamente das mesmas transações ou outros eventos. Esse confronto entre receitas e despesas é apresentado na demonstração de resultado do exercício (DRE).

Por exemplo, os vários componentes de despesas que integram o custo das mercadorias vendidas devem ser reconhecidos no mesmo momento em que a receita derivada da venda das mercadorias é reconhecida.

Ainda com dúvidas entre custo e despesa? Vejamos um exemplo, adaptado de Padovese (2011): um balanço patrimonial simples (Tabela 2.1) que apresente somente um ativo de R$ 1.000,00 representados apenas pela conta caixa e um passivo de R$ 1.000,00 representados pelo capital social.

TABELA 2.1 Balanço patrimonial

Ativo		Passivo	
Ativo circulante		Patrimônio líquido	
Caixa	1.000,00	Capital social	1.000,00
Total do ativo	1.000,00	Total do passivo + PL	1.000,00

Vamos supor que no momento seguinte tenham sido pagos R$ 100 de *despesas* de alimentação de algum diretor. Esse gasto é uma despesa, porque trará uma redução da riqueza dos sócios. Vejamos como ficará o balanço patrimonial após esse evento na Tabela 2.2.

TABELA 2.2 Balanço patrimonial

Ativo		Passivo	
Ativo circulante		Patrimônio líquido	
Caixa	900,00	Capital social	1.000,00
		Prejuízo	−100,00
Total do ativo	900,00	Total do passivo + PL	900,00

Nota-se que o caixa diminuiu em R$ 100, pois houve o pagamento à vista das despesas de alimentação do diretor. Considerando que houve apenas essa transação, o efeito dessa despesa diminuiu o valor do patrimônio líquido da empresa na forma de prejuízo (passou de R$ 1.000 para R$ 900).

Admitindo que não tenha havido nenhuma receita e a única despesa tenha sido a de alimentação, a demonstração de resultado do exercício (DRE) apresentaria o evento como na Tabela 2.3.

TABELA 2.3 Demonstração de resultado do exercício (DRE)

Receitas	0,00
(−) Despesas:	
Alimentação	−100,00
(=) Resultado (prejuízo)	−100,00

Conforme visto, o custo está ligado à aquisição de mercadorias para estoque ou insumos para a fabricação de produtos. Dessa forma, enquanto se encontra em estoque, seja como mercadoria ou materiais, seja como produtos acabados ou produtos em processo, o valor pago ou incorrido para a obtenção de mercadoria e insumos não é despesa, mas custo.

Retomando o exemplo anterior, digamos que a empresa adquira à vista duas unidades de mercadoria para estoque, para posterior revenda, tendo pago em dinheiro R$ 200 pelas duas (R$ 100 cada). Nesse momento, não há despesa, mas custo, pois as mercadorias ficarão no estoque, não reduzindo a riqueza efetiva dos sócios. O registro do custo no balanço patrimonial ficaria como na Tabela 2.4.

TABELA 2.4 Balanço patrimonial

Ativo		Passivo	
Ativo circulante		Patrimônio líquido	
Caixa	700,00	Capital social	1.000,00
Estoque	200,00	Prejuízo	–100,00
Total do ativo	900,00	Total do passivo + PL	900,00

Nota-se que o patrimônio líquido não se alterou nesse segundo momento, pois não houve despesa. Ocorreu apenas uma permuta entre o caixa (pagamento à vista) e o estoque. Foram consumidos R$ 200 de caixa, que foram aplicados no estoque (R$ 200). Não houve alteração no total do ativo. Não houve nenhuma receita ou despesa; dessa forma, não é necessário montar outra DRE.

Retomando o exemplo anterior, digamos que a empresa venda metade do estoque por R$ 300 à vista. Nesse momento haverá mudança na estrutura do balanço patrimonial e na DRE como na Tabela 2.5.

TABELA 2.5 Balanço patrimonial inicial

Ativo		Passivo	
Ativo circulante		Patrimônio líquido	
Caixa	700,00	Capital social	1.000,00
Estoque	200,00	Prejuízo	–100,00
Total do ativo	900,00	Total do passivo + PL	900,00

Após a venda, teremos as Tabelas 2.6 e 2.7.

TABELA 2.6 Demonstração de resultado do exercício (DRE)

Receitas (vendas)	300,00
(–) Custo da mercadoria vendida: (50%) do estoque	–100,00
(=) Resultado (lucro)	200,00

TABELA 2.7 Balanço patrimonial final

Ativo		Passivo	
Ativo circulante		Patrimônio líquido	
Caixa	1.000,00	Capital social	1.000,00
Estoque	100,00	Lucro	100,00
Total do ativo	1.100,00	Total do passivo + PL	1.100,00

A venda da mercadoria ocasionará os seguintes impactos:
- Receita derivada da venda: R$ 300 (DRE).
- Venda à vista: R$ 300 entram no caixa da empresa (BP).

O custo da mercadoria vendida (CMV) terá os seguintes impactos:
- R$ 100 (custo apresentado na DRE correspondente a 50% do estoque, que era de R$ 200).
- Baixa do estoque: R$ 100 (impacto no BP; sairá do ativo da companhia, pois foi vendido).
- O lucro de R$ 200 obtido com a venda e demonstrado na DRE irá para o patrimônio líquido no BP da empresa. Como havia um prejuízo de R$ 100, o saldo acumulado será de R$ 100 (−R$ 100 [prejuízo anterior] + R$ 300 [lucro apurado] = R$ 200 do PL acumulado).

O CPC 16(R1) apresenta exemplos de itens não incluídos no custo dos estoques e reconhecidos como despesa do período em que são incorridos:
- Valor anormal de desperdício de materiais, mão de obra ou outros insumos de produção.
- Gastos com armazenamento, a menos que sejam necessários ao processo produtivo entre uma e outra fase de produção.
- Despesas administrativas que não contribuem para trazer o estoque ao seu local e condição atuais.
- Despesas de comercialização, incluindo a venda e a entrega dos bens e serviços aos clientes.

A contabilidade tem uma notação particular; assim, os sinais negativos são representados entre parênteses. A partir dos próximos exemplos, os valores que significarem redução de valor poderão ser representados dessa forma, "( )".

Exercício

(Exame de Suficiência – Técnico em Ciências Contábeis, 2012) Uma indústria que utiliza todos os seus equipamentos para a elaboração de três produtos distintos, em seu último relatório, apresentava, entre outras, as seguintes contas:

Contas	R$
Comissão de vendedores	7.250
Depreciação de máquinas e equipamentos da unidade fabril	3.450
FGTS sobre mão de obra da produção	3.000
Mão de obra da produção	31.200
Depreciação dos demais bens da área administrativa	850
Salários da área administrativa	18.300
Matéria-prima consumida	68.700
Mão de obra – supervisão e movimentação da unidade fabril	5.900
Previdência Social sobre mão de obra da unidade fabril	9.800

No conjunto de contas desse resultado, o total de custos e despesas é, respectivamente:

a. R$ 113.150,00 e R$ 35.300,00
b. R$ 116.150,00 e R$ 32.300,00
c. R$ 188.600,00 e R$ 26.400,00
d. R$ 122.050,00 e R$ 26.400,00

Resolução

Custo: corresponde ao gasto com bens ou serviços que serão consumidos na produção de outros bens ou serviços. Custo é todo gasto incorrido no processo produtivo ou no processo de prestação de serviços.

Despesa: são gastos com bens ou serviços não utilizados nas atividades produtivas e consumidos com a finalidade de obtenção de receitas. São itens que reduzem o patrimônio líquido e que têm a característica de representar sacrifícios no processo de obtenção de receitas.

Contas	Custos (R$)	Despesas (R$)
Comissão de vendedores		7.250
Depreciação de máquinas e equipamentos da unidade fabril	3.450	
FGTS sobre mão de obra da produção	3.000	
Mão de obra da produção	31.200	
Depreciação dos demais bens da área administrativa		850
Salários da área administrativa		18.300
Matéria-prima consumida	68.700	
Mão de obra – supervisão e movimentação da unidade fabril	5.900	
Previdência Social sobre mão de obra da unidade fabril	9.800	
Totais	122.050	26.400

CLASSIFICAÇÃO DOS CUSTOS E DESPESAS

Em relação à *apropriação aos produtos fabricados*, os custos podem ser diretos e indiretos.

Vamos às definições:

- **Custos diretos:** é possível medir o consumo daquele insumo por produto. Os custos diretos, como o próprio nome diz, são apropriados diretamente aos produtos fabricados, pois há uma medida objetiva e precisa de seu consumo.

Exemplos: matéria-prima: a empresa sabe exatamente a quantidade de matéria-prima utilizada na fabricação de uma unidade de determinado produto. Conhecendo-se o preço da matéria-prima, o custo decorrente está associado diretamente ao produto. Mão de obra direta: são os custos com funcionários que trabalham diretamente na produção. Como são conhecidos o tempo que cada um trabalhou e o preço de sua mão de obra, é possível apropriar esses custos diretamente ao produto. Depreciação de equipamento: quando o equipamento é utilizado para produzir apenas *um* tipo de produto. Energia elétrica consumida pelas máquinas da produção: quando for possível saber quanto foi consumido na fabricação de cada produto. Embalagens: quando puderem ser apropriadas perfeita e diretamente aos produtos.

- **Custos indiretos:** não podem ser associados diretamente ao produto. Correspondem aos custos que dependem de *rateios* para serem apropriados a determinado produto.

Exemplos: depreciação de equipamentos que são utilizados na fabricação de *mais de um* produto: salário de operários que cuidam da manutenção de equipamentos (mão de obra indireta); materiais indiretos (cola, lixa consumidos na fabricação de sapatos); depreciação na fábrica; energia elétrica indireta; materiais diversos na fábrica.

Exercício

(Exame de Suficiência – Técnico em Ciências Contábeis, 2012) Uma sociedade industrial produz os produtos A, B e C. No mês de agosto de 2012, apresentou os seguintes custos e despesas:

Contas	R$
Mão de obra indireta	200.000,00
Mão de obra direta	350.000,00
Depreciação de máquinas utilizadas na produção dos produtos A, B e C	220.000,00
Depreciação de móveis do setor de vendas	120.000,00
Aluguel do departamento de vendas	100.000,00
Embalagem utilizada na produção	100.000,00
Comissão dos vendedores	200.000,00
Remuneração dos vendedores	100.000,00
Matéria-prima direta consumida	700.000,00
Gastos gerais de fabricação comuns aos três produtos	280.000,00
Impostos sobre as vendas	600.000,00

Com base nos gastos informados, os custos indiretos do período foram:

a. R$ 420.000,00
b. R$ 480.000,00
c. R$ 700.000,00
d. R$ 800.000,00

Resolução

Contas	R$
Mão de obra indireta	200.000,00
Depreciação de máquinas utilizadas na produção dos produtos A, B e C	220.000,00
Gastos gerais de fabricação comuns aos três produtos	280.000,00
Custos indiretos no período	**700.000,00**

Em relação ao nível da produção, os custos podem ser divididos em custos fixos e custos variáveis.

Vamos às definições:

- **Custos fixos:** são aqueles cujos valores permanecem inalterados, *independentemente do volume de produção* da empresa. São os custos que permanecem constantes dentro de determinada capacidade instalada, independentemente do volume de produção, ou seja, uma alteração no volume de produção, para mais ou para menos, não modifica o valor total do custo.

Exemplo: aluguel do prédio da fábrica.

Características dos custos fixos:

- O valor permanece constante dentro de determinada faixa de produção.
- O valor por unidade produzida diminui com o aumento da produção.
- Sua alocação para os departamentos necessita, na maioria das vezes, de critérios de rateio.

- **Custos variáveis:** são aqueles cujos valores são alterados em função do volume de produção da empresa. Quanto maior o volume de produção no período, maior será o custo variável. Esses custos variam direta e proporcionalmente com o volume de produção.

Exemplos: gastos com horas extras na produção, materiais consumidos por unidade do produto.

Características dos custos variáveis:

- Seu valor varia na proporção direta do volume de produção.
- O valor é constante por unidade, independentemente da quantidade produzida.
- A alocação aos produtos normalmente é feita de forma direta, sem a necessidade de utilização de critérios de rateios.

- **Despesas fixas e despesas variáveis:** as despesas fixas independem do volume de vendas, e as despesas variáveis variam proporcionalmente ao volume de vendas.

Exemplo: as comissões pagas aos vendedores são consideradas despesas variáveis, pois o seu valor é em função do volume de vendas, enquanto o aluguel do escritório da administração é uma despesa fixa, que deve ser paga independentemente do volume de vendas.

Vamos exercitar: suponha os dados a seguir, referentes a uma indústria (Contador Pleno/Petrobras/2005/Cesgranrio).

Mão de obra indireta	R$ 70.000
Mão de obra direta	R$ 150.000
Imposto de renda retido na fonte sobre salário da mão de obra direta	R$ 700
Salário do pessoal de vendas	R$ 12.000
Imposto de renda retido na fonte do pessoal de vendas	R$ 800
Contribuição previdenciária a cargo do empregador do pessoal de vendas e da administração	R$ 650
Contribuição previdenciária a cargo do empregador sobre a mão de obra direta	R$ 300
Comissões sobre vendas	R$ 1.800
Encargos com depreciação de máquinas da produção	R$ 10.000
Contribuição previdenciária dos empregados	R$ 600
ICMS sobre vendas	R$ 2.400

Qual é o total de custo direto, custo indireto e despesas nessa indústria?

Custos diretos

Mão de obra direta	R$ 150.000
Contribuição previdenciária a cargo do empregador sobre a mão de obra direta	R$ 300
Total	R$ 150.300

Custos indiretos

Mão de obra indireta	R$ 70.000
Encargos com depreciação de máquinas da produção	R$ 10.000
Total	R$ 80.000

Despesas

Salário do pessoal de vendas	R$ 12.000
Contribuição previdenciária a cargo do empregador do pessoal de vendas e da administração	R$ 650
Comissões sobre vendas	R$ 1.800
ICMS sobre vendas	R$ 2.400
Total	R$ 16.850

O imposto retido na fonte sobre o salário da mão de obra direta, o imposto de renda retido na fonte do pessoal de vendas e a contribuição social dos empregados não entraram nos cálculos dos custos diretos, indiretos e despesas porque não são custos ou despesas da indústria, mas obrigação dos empregados.

De acordo com as características dos custos fixos apresentadas, o custo fixo permanece constante dentro de determinada faixa de produção.

OUTRAS TERMINOLOGIAS

- **Custo de produção do período (CPP):** corresponde aos custos incorridos no processo produtivo em determinado período de tempo. O CPP é usualmente decomposto de acordo com a seguinte fórmula:

$$CPP = MD + MOD + CIF$$

MD: correspondem aos materiais diretos, que são basicamente compostos pelas matérias-primas, materiais secundários apropriados diretamente ao produto e material de embalagem.
MOD: mão de obra direta.
CIF: representa os demais custos indiretos com fabricação.

Os custos de produção poderão ser desmembrados em duas etapas: custo primário e custos de transformação.
- Custo primário: MD + MOD.
- Custos de transformação ou conversão: MOD + CIF.

De acordo com o CPC 16(R1) (CPC, 2015), os custos de transformação de estoques incluem os custos diretamente relacionados com as unidades produzidas ou com as linhas de produção, como pode ser o caso da mão de obra direta. Também incluem a alocação sistemática de custos indiretos de produção, fixos e variáveis, que sejam incorridos para transformar os materiais em produtos acabados. Os custos indiretos de produção fixos são aqueles que permanecem relativamente constantes, independentemente do volume de produção, como a depreciação e a manutenção de edifícios e instalações fabris, máquinas e equipamentos, e os custos de administração da fábrica. Os custos indiretos de produção variáveis são aqueles que variam diretamente, ou quase diretamente, com o volume de produção, como materiais indiretos e certos tipos de mão de obra indireta.

Ainda de acordo com o CPC 16(R1) (CPC, 2015), a alocação de custos fixos indiretos de fabricação às unidades produzidas deve ser baseada na capacidade normal de produção. A capacidade normal é a produção média que se espera atingir ao longo de vários períodos em circunstâncias normais; com isso, leva-se em consideração, para a determinação dessa capacidade normal, a parcela da capacidade total não utilizada por causa de manutenção preventiva, de férias coletivas e de outros eventos semelhantes considerados normais para a entidade. O nível real de produção pode ser usado caso aproxime-se da capacidade normal. Como consequência, o valor do custo fixo alocado a cada unidade produzida não pode ser aumentado em decorrência de baixo volume de produção ou ociosidade. Os custos fixos não alocados aos produtos devem ser reconhecidos diretamente como despesa no período em que são incorridos.

Em períodos de anormal alto volume de produção, o montante de custo fixo alocado a cada unidade produzida deve ser diminuído, de maneira que os estoques não são mensurados acima do custo. Os custos indiretos de produção variáveis devem ser alocados a cada unidade produzida com base no uso real dos insumos variáveis de produção, ou seja, na capacidade real utilizada.

Um processo de produção pode resultar em mais de um produto fabricado simultaneamente. Esse é o caso, por exemplo, quando se fabricam produtos em conjunto ou quando há um produto principal e um ou mais subprodutos. Quando os custos de transformação de cada produto não são separadamente identificáveis, eles devem ser atribuídos aos produtos em base racional e consistente. Essa alocação pode ser baseada, por exemplo, no valor relativo da receita de venda de cada produto, seja na fase do processo de produção em que os produtos se tornam separadamente identificáveis, seja no final da produção, conforme o caso. A maior parte dos subprodutos, em razão de sua natureza, geralmente é imaterial. Quando é esse o caso, eles são muitas vezes mensurados pelo valor realizável líquido, e esse valor é deduzido do custo do produto principal. Como resultado, o valor contábil do produto principal não deve ser materialmente diferente do seu custo.

Outros custos que não de aquisição nem de transformação devem ser incluídos nos custos dos estoques somente na medida em que sejam incorridos para colocar os estoques no seu local e na sua condição atuais. Por exemplo, pode ser apropriado incluir no custo dos estoques gastos gerais que não sejam de produção ou os custos de desenho de produtos para clientes específicos.

Exemplos de itens não incluídos no custo dos estoques e reconhecidos como despesa do período em que são incorridos:

- Valor anormal de desperdício de materiais, mão de obra ou outros insumos de produção.
- Gastos com armazenamento, a menos que sejam necessários ao processo produtivo entre uma e outra fase de produção.
- Despesas administrativas que não contribuem para trazer o estoque ao seu local e condição atuais.
- Despesas de comercialização, incluindo a venda e a entrega dos bens e serviços aos clientes.

RESUMO DO CAPÍTULO

Neste capítulo foram apresentados os conceitos de desembolso e de gastos, desmembrando os gastos em investimentos, custos e despesas. Foi apresentado um exemplo prático, que incluiu um balanço patrimonial e uma demonstração de resultado do exercício para elucidar as diferenças.

Os custos foram, ainda, evidenciados em relação à apropriação aos produtos fabricados (diretos e indiretos) e em relação ao nível da produção (fixos e variáveis).

Saiba mais...

Os custos podem se comportar de maneiras distintas em uma empresa, conforme foi apresentado neste capítulo. Qual a importância do controle dos custos, principalmente em uma pequena ou microempresa?

Essa tarefa pode ser mais complexa do que se imagina. Em matéria publicada no *UOL Economia*, isso ficou evidente:

> Se há dúvidas sobre como cortar gastos, as respostas estão num conselho que é unanimidade entre os especialistas: não adianta torcer o nariz para a matemática. Custos não são apenas números, exigem planejamento e gestão.
>
> O contador se preocupa com a parte fiscal. Já os custos podem ser reduzidos ou modificados, por isso cabe ao proprietário gerenciá-los.

Fonte: UOL Economia. Disponível em: <http://economia.uol.com.br/ultimas-noticias/redacao/2012/02/29/gestao-dos-custos-e-atividade-chave-para-pequenas-empresas.jhtm>. Acessado em: out. 2015.

No próximo capítulo serão apresentados os principais sistemas de custeio utilizados no Brasil, entre os quais destacaremos o custeio por absorção, o custeio variável e o custeio baseado em atividades (ABC).

QUESTÕES DE FIXAÇÃO

1. Quando as despesas devem ser reconhecidas?
2. Diferencie custos de despesas.
3. Diferencie custo direto de custo indireto.
4. Quais as características do custo fixo?
5. Quais as características do custo variável?

CAPÍTULO 3

Tipos de custeio

O objetivo deste capítulo é apresentar os principais sistemas de custeio existentes, possibilitando ao leitor:
✓ Diferenciar os tipos de sistema de custeio – absorção, variável e ABC.
✓ Entender o processo de apropriação de custos.
✓ Observar como é apurado o custo do produto vendido em cada sistema de custeio.

Na contabilidade de custos, os dois tipos de custeio mais usuais são o custeio por absorção e o custeio variável. O sistema de custeio baseado em atividades (ABC) será apresentado de forma complementar a este capítulo.

CUSTEIO POR ABSORÇÃO

O custeio por absorção é normalmente exigido pela auditoria externa das companhias abertas e pela legislação do imposto de renda (IR). Esse custeio está baseado nos seguintes princípios contábeis:

- **Registro pelo valor original.** Os estoques das indústrias são avaliados pelo custo histórico, não sendo corrigidos quando há variação no preço dos fatores de produção entre a aquisição e a elaboração do balanço patrimonial. Se os insumos foram adquiridos anos atrás por R$ X, independentemente do tempo transcorrido, o estoque que será apresentado quando da elaboração do balanço patrimonial será de R$ X.

- **Princípio da competência**. Todos os gastos com a produção (fixos e variáveis) que não tiverem correspondência com a receita obtida pela empresa devem ser incorporados ao valor dos estoques (custeio por absorção).

O custeio por absorção, também chamado de custeio pleno, consiste na apropriação de *todos* os custos de produção (fixos ou variáveis, diretos ou indiretos) à produção do período. Os gastos não fabris, ou seja, as despesas, são excluídas.

É importantíssimo ter em mente os conceitos de despesa e de custos.

Lembre-se: custo corresponde ao gasto com bens ou serviços que serão consumidos na produção de outros bens ou serviços. Por que tal distinção é tão importante? No método do custeio por absorção, as despesas são contabilizadas diretamente no resultado do período, ao passo que somente os custos relativos aos produtos vendidos recebem tratamento similar. Os custos relativos aos produtos em elaboração e aos produtos acabados que não tenham sido vendidos estarão ativados nos estoques desses produtos.

Para facilitar o entendimento, vamos montar o esquema básico:

- Primeiro passo: é necessário fazer a separação entre custos e despesas.
- Segundo passo: deve ser feita a apropriação dos custos diretos aos produtos.
- Terceiro passo: os custos indiretos deverão ser apropriados aos produtos mediante rateio.

Apuração dos custos dos produtos vendidos (CPV) no método do custeio por absorção

Os sinais "+" correspondem aos elementos que serão adicionados aos valores dos estoques. Os sinais "−" diminuirão o valor dos estoques.

Estoque inicial de materiais diretos (EIMD)
(+) **Compras de materiais diretos**
(−) Estoque final de materiais diretos (EFMD)
(=) Materiais diretos consumidos (MD)

(+) Mão de obra direta (MOD)
(+) Custos indiretos de fabricação (CIF)
(=) Custo de produção do período (CPP)

(+) Estoque inicial de produtos em elaboração (Eipe)
(−) Estoque final de produtos em elaboração (EFPE)
(=) Custo da produção acabada (CPA) do período

(+) Estoque inicial de produtos acabados (Eipa)
(−) Estoque final de produtos acabados (EFPA)
(=) CPV

Apresentando por meio de razonetes, teremos o fluxo:

Matéria-prima		Produtos em elaboração		Produtos acabados	
(a)	(b)	(b)			
			(d)	(d)	(e)
		(c)			
EIMD	EFMD	Eipe	EFPE	Eipa	EFPA

(a) Corresponde à compra de materiais.
D: Materiais.
C: Caixa ou fornecedores.
(b) Corresponde aos materiais diretos consumidos que irão para elaboração.
D: Produtos em elaboração.
C: Materiais consumidos.
(c) Corresponde à inserção de MOD e CIF nos produtos em elaboração.*
(d) Corresponde ao custo da produção acabada que irá para produtos acabados.
D: Produtos acabados.
C: Produtos em elaboração.
(e) CMV
D: CMV.
C: Produtos acabados.

C: créditos em suas contas de origem; CMV: custo das mercadorias vendidas; D: débito de estoques.
* Aqui os lançamentos de origem não foram apontados, mas geralmente representam C e D.

Como calcular as compras de materiais diretos?

Os sinais "+" correspondem aos elementos que serão adicionados aos valores das compras efetuadas. Os sinais "−" diminuirão o valor das compras.

Valor da compra
(−) Impostos recuperáveis[1]
(+) Valor do frete suportado pelo adquirente (subtraído do ICMS recuperável incidente na operação)
(+) Seguros
(+) Carga, descarga e armazenagem
(+) Gastos com o desembaraço aduaneiro (no caso de importação)
(−) Descontos incondicionais obtidos (descontos comerciais)
(=) **Compras de materiais diretos**

Apuração simples do resultado
  Faturamento
  (−) IPI
  (=) Receita operacional bruta
  (−) Deduções da receita bruta[2]

  Vendas líquidas
  (−) **CPV**
  (=) LB

Exercício (adaptado de Martins, 2010)

A indústria Caravellas produziu 40.000 unidades do produto Z em dezembro de 2017. No mesmo período, incorreu nos seguintes custos:

---

1 O Imposto sobre a Circulação de Mercadorias e Serviços (ICMS) e o Imposto sobre Produtos Industrializados (IPI) são exemplos de impostos recuperáveis. Um imposto é recuperável quando a sua incidência é não cumulativa, isto é, quando o valor pago de imposto na aquisição pode ser abatido do valor devido quando da posterior venda da mercadoria ou do produto acabado. É necessário que o adquirente da mercadoria ou matéria-prima seja contribuinte do imposto por ocasião da venda da mercadoria ou do produto acabado.
2 As deduções da receita bruta reduzem o valor da receita bruta. São cinco: devoluções de vendas, abatimentos sobre vendas, descontos incondicionais concedidos, impostos sobre vendas (ICMS, ISS, PIS e Cofins) e contribuições sociais sobre vendas (PIS e Cofins).

Mão de obra direta (MOD): R$ 120.000,00.
Custos fixos do mês (CF): R$ 300.000,00.
Matéria-prima (MD): R$ 180.000,00.
Outros custos diretos: R$ 80.000,00.

Sabendo-se que as vendas montaram a 38.000 unidades do produto Z, foi de quanto, em dezembro, o saldo da conta de produtos acabados da indústria Caravellas, pelo critério do sistema de custeio por absorção?

Resolução

Se a produção foi de 40.000 e foram vendidas 38.000 unidades, ficaram 2.000 unidades em estoque.

No custeio por absorção, *todos* os custos de produção (fixos ou variáveis, diretos ou indiretos) são apropriados à produção do período. Dessa forma, o custo será:

120.000 + 300.000 + 180.000 + 80.000 = 680.000

Ficaram em estoque: (2.000 un/40.000 un) × 680.000 = 34.000.
Custo dos produtos vendidos: (38.000 un/40.000 un) × 680.000 = 646.000.

Exercício (Analista de Controle Externo – TCE – AP/2012/FCC)

O departamento de contabilidade da Cia. Industrial Unida apresenta o relatório a seguir:

Itens	Valor total em R$
Matéria-prima	600.000,00
Mão de obra	400.000,00
Custos indiretos de fabricação	1.200.000,00
Estoque inicial de produtos em elaboração	70.000,00
Estoque final de produtos em elaboração	30.000,00
Estoque inicial de produtos acabados	40.000,00
Estoque final de produtos acabados	50.000,00

Com base nessas informações, o custo da produção acabada no período, em reais, é de:

a. 2.250.000,00
b. 2.210.000,00

c. 2.230.000,00
d. 2.240.000,00
e. 2.200.000,00

Resolução

CPA = Eipe + CPP − EFPE
Calculando o valor do custo de produção do período:
CPP = material direto + mão de obra direta + custo indireto de fabricação
CPP = 600.000 + 400.000 + 1.200.000 = 2.200.000
Calculando o valor do custo da produção acabada:
CPA = 70.000 + 2.200.000 − 30.000 = 2.240.000

CUSTEIO VARIÁVEL

No custeio direto ou variável considera-se que o custo da produção do período (CPP) consiste somente nos custos variáveis incorridos, como o próprio nome indica. Os custos fixos deverão ser excluídos, uma vez que não são considerados como custos de produção, mas como despesas, sendo encerrados diretamente contra o resultado do período.

Há que se ressaltar que esse método de custeio é vedado pela legislação do imposto de renda. Contudo, é considerado um método eficiente no processo de tomada de decisão da administração da empresa.

Apuração dos custos dos produtos vendidos (CPV) no método do custeio variável

Os sinais "+" correspondem aos elementos que serão adicionados aos valores dos estoques. Os sinais "−" diminuirão o valor dos estoques.

Estoque inicial de materiais diretos (EIMD)
(+) Compras de materiais diretos
(−) Estoque final de materiais diretos (EFMD)
(=) Materiais diretos consumidos (MD)

(+) Outros custos variáveis
(+) Estoque inicial de produtos em elaboração (Eipe)
(−) Estoque final de produtos em elaboração (EFPE)
(=) Custo da produção acabada

(+) Estoque inicial de produtos acabados (Eipa)
(−) Estoque final de produtos acabados (EFPA)
(=) CPV

Apuração simples do resultado

Faturamento
(−) IPI
(=) Receita operacional bruta
(−) Deduções da receita bruta
(=) Vendas líquidas
(−) Custo dos produtos vendidos
(−) Despesas variáveis de administração e vendas
(=) **Margem de contribuição**[3]
(−) **Custos fixos**[4]
(−) Despesas fixas
(=) Lucro/prejuízo líquido do exercício

Exercício (adaptado de Martins, 2010)

A indústria Caravellas produziu 40.000 unidades do produto Z em dezembro de 2017. No mesmo período incorreu nos seguintes custos:

Mão de obra direta (MOD): R$ 120.000,00.
Custos fixos do mês (CF): R$ 300.000,00.
Matéria-prima (MD): R$ 180.000,00.
Outros custos diretos: R$ 80.000,00.

Sabendo-se que as vendas montaram a 38.000 unidades do produto Z, foi de quanto, em dezembro, o saldo da conta de produtos acabados da indústria Caravellas, pelo critério do sistema de custeio variável?

---

3 Surge o conceito de margem de contribuição, dado pela fórmula: vendas líquidas efetuadas deduzidas dos custos e despesas variáveis.
4 Diferentemente do custeio por absorção, os custos fixos são tratados como se fossem despesas, sendo alocados inteiramente no resultado do exercício.

Resolução

Se a produção foi de 40.000 e foram vendidas 38.000 unidades, ficaram 2.000 unidades em estoque.

No variável, os custos fixos deverão ser excluídos, uma vez que não são considerados custos de produção, mas despesas, sendo encerrados diretamente contra o resultado do período.

$$120.000 + 180.000 + 80.000 = 380.000$$

Ficaram em estoque: $(2.000 \text{ un}/40.000 \text{ un}) \times 380.000 = 19.000$.

Custo dos produtos vendidos: $(38.000 \text{ un}/40.000 \text{ un}) \times 380.000 = 361.000$.

COMPARATIVO ENTRE CUSTEIO VARIÁVEL E CUSTEIO POR ABSORÇÃO

Para facilitar o entendimento das diferenças entre os dois métodos de custeio, serão apresentados exemplos.

Exemplo: custeio por absorção (adaptado de Martins, 2010)

A indústria Caravellas S.A. apresentou os seguintes dados contábeis para determinado exercício:

Produção: 2.000 unidades totalmente acabadas.
Custos variáveis somam R$ 40.000,00.
Custos fixos somam R$ 15.000,00.
Despesas variáveis somam R$ 4.000,00.
Despesas fixas somam R$ 8.000,00.

Não há estoques iniciais e finais de produtos em elaboração nem estoques iniciais de produtos acabados.

A indústria efetuou vendas líquidas de 900 unidades a R$ 50,00 cada uma, no total de R$ 45.000,00.

Pelo custeio por absorção, o cálculo seria o seguinte: primeiro passo – segregação do custo e despesa. Como estamos falando em custeio, logo serão utilizados somente os custos:

Custos fixos (CF): R$ 15.000,00.
Custos variáveis (CV): R$ 40.000,00.
Custo da produção do período (CPP = CF + CV): R$ 55.000,00.

Custo da produção acabada (CPA) = estoque inicial de produtos em elaboração (Eipe) + custo da produção do período (CPP) – estoque final de produtos em elaboração (EFPE)

Como não há estoques iniciais e finais de produtos em elaboração, temos:
Custo da produção acabada no período = custo da produção do período
Custo da produção acabada no período = R$ 55.000

Custo dos produtos vendidos (somente em relação ao que foi vendido):
Custo dos produtos vendidos = unidades vendidas × custo unitário de produção
Custo unitário de produção = 55.000/2.000 unidades = 27,50 por unidade
Custo dos produtos vendidos = 900 unidades × 27,50 = 24.750

Estoque final de produtos acabados (o que não foi vendido ficou no estoque):
Estoque final de produtos acabados = 1.100 unidades × 27,50 = 30.250

Demonstração do resultado do período:

Vendas líquidas	45.000 (900 unidades × R$ 50,00)
(–) CPV	(24.750)
Resultado industrial	20.250
(–) Despesas variáveis	(4.000)
(–) Despesas fixas	(8.000)
Lucro líquido	8.250

Exemplo: custeio variável (adaptado de Martins, 2010)

Custos variáveis = custos da produção do período = 40.000
Custo da produção acabada no período = custo da produção do período
Custo da produção acabada no período = 40.000

Custo dos produtos vendidos (somente em relação ao que foi vendido):
Custo unitário de produção = 40.000/2.000 unidades = 20
Custo dos produtos vendidos = unidades vendidas × custo unitário de produção
Custo dos produtos vendidos = 900 unidades × 20 = 18.000

Estoque final de produtos acabados (o que não foi vendido ficou no estoque):
Estoque final de produtos acabados = 1.100 × 20 = 22.000

Demonstração do resultado do período:

Vendas líquidas	45.000 (900 unidades × R$ 50,00)
(–) CPV	(18.000)
(–) Despesas variáveis	(4.000)
Margem de contribuição	23.000
(–) Custos fixos	(15.000)
(–) Despesas fixas	(8.000)
Lucro líquido	0

É perceptível que o custo de produção do período no custeio por absorção é maior. O resultado encontrado no custeio por absorção foi um lucro de R$ 8.250,00. No custeio variável, o lucro foi zero, mas o que explica tal fato? O valor dos custos fixos, que, no custeio variável, não são considerados custos, mas despesas do período.

Dessa forma, ele é considerado inteiramente no resultado do período. O custo dos produtos vendidos, no custeio por absorção, é maior em R$ 6.750. Essa diferença corresponde ao valor dos custos fixos apropriados nas unidades vendidas ([900 unidades/2.000 unidades] × 15.000 = 6.750).

Em relação ao estoque final dos produtos acabados, o estoque apurado pelo custeio por absorção também é maior em R$ 8.250. Essa diferença refere-se ao valor dos custos fixos apropriados ao estoque final de produtos acabados ([1.100 unidades/2.000 unidades] × 15.000 = 8.250).

O estoque final do custeio variável é representado por:
Custo variável unitário = R$ 40.000,00/2.000 unidades = R$ 20,00
Unidades em estoque no final do período = 1.100 unidades
Valor do estoque final = 1.100 × R$ 20,00 = R$ 22.000,00

O estoque final do custeio por absorção é representado por:
Custo fixo unitário = R$ 15.000,00/2.000 unidades = R$ 7,50
Custo variável unitário = R$ 40.000,00/2.000 unidades = R$ 20,00
Custo unitário total = custos fixos + custos variáveis
Custo unitário total = 7,50 + 20 = R$ 27,50
Unidades em estoque no final do período = 1.100 unidades
Valor do estoque final = 1.100 × R$ 27,50 = R$ 30.250,00

Como o estoque final de produtos acabados, no custeio por absorção, é maior em R$ 8.250,00, o lucro do período do custeio por absorção, em relação ao custeio variável, também será maior em R$ 8.250,00.

Exemplo complementar (adaptado de Martins, 2010)

Considerando o exemplo anterior, suponha que a produção aumente para 4.000 unidades. As vendas permaneceram em 900.

Pelo custeio por absorção:
    Custos fixos: 15.000 (não sofrem alteração, são fixos).
    Custos variáveis: 80.000 (custo variável unitário: R$ 20 × 4.000 unidades).

Custo da produção do período = 80.000 (CF) + 15.000 (CV) = 95.000

Como não há estoques iniciais e finais de produtos em elaboração:
    Custo da produção acabada no período = custo da produção do período
    Custo da produção acabada no período = 95.000

Custo dos produtos vendidos:
    Custo unitário de produção = 95.000/4.000 unidades = 23,75
    Custo dos produtos vendidos = unidades vendidas × custo unitário de produção
    Custo dos produtos vendidos = 900 unidades × 23,75 = 21.375

Estoque final de produtos acabados:
    Estoque final de produtos acabados = 3.100 × 23,75 = 73.625

Prova real: 21.375 (CPV) + 73.625 (estoque) = 95.000 (custo da produção).

Demonstração do resultado do período:

Vendas líquidas	45.000 (900 unidades – R$ 50 – preço de venda unitário)
(–) CPV	(21.375) (900 unidades – 23,75 – custo unitário)
Resultado	23.625
(–) Despesas variáveis	(4.000)
(–) Despesas fixas	(8.000)
Lucro líquido	11.625

Apesar de não ter ocorrido aumento nas vendas, o aumento na produção do período, de 2.000 para 4.000 unidades, aumentou o lucro líquido em R$ 3.375,00 (R$ 11.625,00 − R$ 8.250,00).

Qual o motivo? O aumento da produção diluiu os custos fixos unitários incorporados aos produtos vendidos; logo, aumentou o lucro. Quando a produção era de 2.000 unidades, os custos fixos unitários eram de R$ 7,50 (R$ 15.000,00/2.000 unidades).

Entretanto, com a produção de 4.000 unidades, os custos fixos unitários passaram a R$ 3,75 (R$ 15.000,00/4.000 unidades).

Enfim, o aumento da produção, mesmo sem que ocorresse aumento nas vendas, reduziu os custos fixos unitários e aumentou o lucro da empresa.

Pelo custeio variável:
Custos variáveis = custos da produção do período = 80.000 (R$ 20,00 × 4.000 unidades)

Custo dos produtos vendidos:
Custo unitário de produção = 80.000/4.000 unidades = 20
Custo dos produtos vendidos = 18.000 (unidades vendidas [900] × custo unitário de produção [20])

Estoque final de produtos acabados:
Estoque final de produtos acabados = 3.100 × 20 = 6.200

Demonstração do resultado do período:

Vendas líquidas	45.000 (900 unid. vendidas − R$ 50 − preço unitário de venda)
(−) CPV	(18.000) (900 unid. vendidas − 20 − custo unitário)
(−) Despesas variáveis	(4.000)
Margem de contribuição	23.000
(−) Custos fixos	(15.000)
(−) Despesas fixas	(8.000)
Lucro líquido	0

Como os custos fixos são apropriados diretamente no resultado do período, o aumento da produção sem aumento das vendas não proporciona qualquer alteração nos lucros da empresa, permanecendo rigorosamente o mesmo.

CUSTEIO BASEADO EM ATIVIDADES (ABC)

Para que se possa fundamentar tomadas de decisões com mais segurança, a contabilidade pode proporcionar melhores informações oriundas do sistema de custeio adotado. Isso vai muito além de simplesmente informar o "preço" ou o "custo" de um produto. Nessa linha de pensamento, surgiu o ABC, desenvolvido principalmente nos Estados Unidos, para que as empresas pudessem competir de forma mais apropriada, principalmente com empresas do Japão e da Alemanha.

De acordo com Crepaldi (2008), o custeio baseado em atividades (ABC) tem origem na melhoria de processos produtivos, decorrente do avanço tecnológico e metodológico, que culminou com o aumento da competitividade e, consequentemente, com o aumento da qualidade, da economia do tempo e da redução dos custos.

Assim, primeiro o ABC acumula os custos indiretos às atividades da área que será custeada, que pode ser entendida como uma fábrica, um departamento ou até mesmo a organização inteira. A seguir, os custos são alocados aos produtos ou serviços desenvolvidos pela empresa em função dos direcionadores de custo. Em outras palavras, o ABC tem como base a análise das atividades significativas da empresa. A ideia básica é que são as atividades que de fato provocam o consumo de recursos, e não os produtos. Conforme essas atividades são requeridas é que será formado o custo dos produtos. O custeio ABC busca diminuir as distorções apuradas nos custos indiretos oriundos de critérios de rateio arbitrários, além de auxiliar na medição da *performance* e na melhoria das informações referentes à produção e à tomada de decisão.

Exemplo

Uma professora de aula particular que atenda em domicílio pode ponderar quanto tempo gastou se deslocando até o aluno: qual o custo desse deslocamento (passagem ou gasolina), quantas horas foram contratadas pelo aluno e qual o custo total dessa aula.

De acordo com Crepaldi (2008) e Horngren, Sundem e Stratton (2004), existem duas fases ou etapas (estágios) nesse processo: a identificação das atividades e a apropriação aos produtos. Essas fases podem ser divididas da seguinte forma:

- Tratamento de recursos.
- Identificação de processos e atividades.
- Alocação de custos a atividades.
- Processamento de atividades.
- Custeio de objetos de custos.

Assim, um exemplo de fluxo do custeio ABC pode ser representado, de maneira ilustrativa, conforme a Figura 3.1.

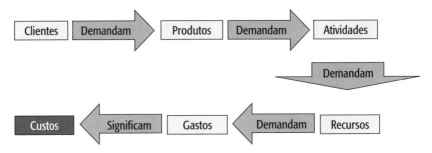

FIGURA 3.1 Fluxo do custeio ABC. Adaptada de Mendes e Hildebrand (1997).

Geralmente, as empresas que adotam o ABC possuem dois sistemas de custeio: um oficial, que é utilizado pela contabilidade, por exemplo (no Brasil, esse sistema não é aceito para fins de apuração de imposto de renda), e um gerencial, como o ABC, mais voltado para as decisões estratégicas e para um gerenciamento mais eficiente da empresa.

De acordo com Garrison, Noreen e Brewer (2013), o custeio ABC difere dos sistemas tradicionais de custeio, pois, no ABC:

- Os custos não relacionados à produção e os custos de produção podem ser atribuídos a produtos, mas apenas na base de causa e efeito (por exemplo, custo para vender ou atender um cliente).
- Alguns custos de produção podem ser excluídos dos custos de produto (não permitem rateio de custos de forma arbitrária, em que são distribuídos, principalmente, em função da taxa de consumo da mão de obra direta).
- São usados inúmeros agrupamentos de custos indiretos, sendo cada um deles alocado a produtos e a outros objetos de custo usando sua medida de atividade exclusiva (ou seja, com o avanço da tecnologia, novos procedimentos de produção e de desenvolvimento de produtos foram criados; assim, os sistemas tradicionais de custeio podem não atender a essas novas demandas).

Fases iniciais básicas do custeio baseado em atividades

As fases iniciais no ABC, que podemos chamar de básicas, consistem em atribuir custos às atividades com base no consumo de recursos, atribuir custos a produtos ou serviços com base no consumo de atividades, reconhecer os fatores que determinam (explicam) os custos das atividades e o consumo destas pelos produtos ou outras atividades (Crepaldi, 2008).

- **Recursos:** "O que foi gasto?". Ex.: água, luz, salários etc.
- **Atividades:** "Onde foi gasto?". Ex.: manutenção, RH etc.
- **Objetos de custo:** "Para que foi gasto?". Ex.: produto A ou B, atividade não relacionada a produto (associação, fundação) etc.

Dentre os objetivos do ABC, podemos destacar:

- Diminuir o desperdício e aumentar a produtividade.
- Tornar a empresa mais organizada.
- Reduzir os custos sem queda na produção.
- Implementar o programa de qualidade total sem impacto na linha operacional.
- Implementar um sistema de pagamento por desempenho.
- Elaborar um orçamento baseado no desempenho.

O ABC, por não ser um sistema de acumulação de custos para fins contábeis, ou seja, porque não apura custos de produtos e serviços para a elaboração de balanços e demonstração de resultado, mas para fins gerenciais, pode ser entendido como um sistema de análise de custos, que visa rastrear e monitorar as atividades mais relevantes dentro do processo produtivo. Esse sistema permite a evidenciação de "gargalos" na empresa, ou seja, pontos em que a empresa pode apresentar dificuldades ou restrições. Os objetos de custeio representam a etapa final da alocação dos custos; assim, eles podem ser produtos, família de produtos, clientes ou mesmo uma região.

Já um direcionador de custo (*cost driver*) é um fator que influencia a quantidade de trabalho da empresa, podendo estar relacionado com o volume de produção ou não e de caráter específico à atividade com que se relaciona. Os direcionadores de custo podem ser divididos em dois grupos específicos: os direcionadores de transação e os direcionadores de duração.

Os direcionadores de custo de transação medem simplesmente o número de vezes que uma atividade ocorre; os direcionadores de custo de duração medem a quantidade de tempo necessária para realizar a atividade. Exemplo: número de notas fiscais emitidas; número de requisições de compras; número de horas de mão de obra consumidas; quantidade de atendimentos a clientes etc.

Fixando os conceitos

No ABC, uma atividade é a forma de a empresa utilizar seu tempo e recurso para o alcance de seus objetivos. Uma atividade no entendimento do ABC é uma combinação de recursos humanos, materiais, tecnológicos e financeiros para que se produza bens ou serviços. Em resumo, é qualquer evento que cause o consumo de recursos indiretos. Aponta os *recursos* para os fatores produtivos que serão consumidos pelas atividades.

Como já visto no início desta seção, para um modelo do sistema de custeio ABC, precisamos atentar para os três passos básicos:

- *Mapear* as atividades desenvolvidas em um processo.
- *Analisar* as atividades, isto é, definir direcionadores de recursos para cada atividade.
- *Gerar* o custo de cada atividade.

Complementando as ações descritas, para implementar o ABC de forma mais eficiente deve-se atentar para as seguintes ações:

- Definir as atividades, agrupamentos de custos e medidas de atividades (exemplos: atividade: receber pedidos; agrupamentos: pedidos de clientes; medidas: número de pedidos).
- Atribuir custos indiretos a agrupamentos de custos de atividades (salários dos funcionários que cuidam do relacionamento com o cliente).
- Calcular índices de atividades (geralmente dividem-se os custos dos agrupamentos pela quantidade da unidade de medida). Ex., custo do agrupamento "pedidos de clientes": R$ 100.000,00; quantidade de "pedidos realizados" no período: 20.000; logo, o índice de pedidos de clientes é R$ 5,00 por pedido, R$ 100.000,00/20.000.
- Atribuir custos indiretos a objetos de custo usando os índices de atividades e as medidas de atividades (nessa fase, alocam-se os custos indiretos em

função dos índices de atividade, geralmente aos produtos ou serviços. Não há rateio arbitrário, sendo alocados conforme o consumo demandado em cada atividade).
- Preparar relatórios gerenciais.

No Quadro 3.1 são apresentadas algumas características, de forma comparativa, entre os sistemas de custeio por absorção e o ABC.

QUADRO 3.1 Comparação entre absorção e ABC

	Absorção	ABC
Custos	Os produtos consomem recursos que são mensurados como custos	As atividades consomem os recursos, os produtos consomem as atividades que geram os custos
Cost drivers (direcionadores de custo)	São atributos do produto. Exemplos: horas de mão de obra, horas-máquina, consumo de materiais	São atributos das atividades. Exemplos: setup de máquinas, número de vezes em que ocorre a armazenagem
Custo indireto	Rateado com base no volume produzido	Apropriado às atividades, conforme determinam os cost drivers
Atividades	Nem todas as atividades são relacionadas aos volumes produzidos. Exemplos: setup de máquinas, gastos com manutenção, recebimento de materiais	Separação entre as atividades que consomem recursos (adicionam valor ao produto) e as atividades que não consomem recursos (não adicionam valor ao produto)
Bases para rateio de custo indireto	Normalmente, horas de mão de obra direta	Não há rateio, mas apropriação de custos indiretos pelas atividades consumidas pelos produtos

Fonte: adaptado de Crepaldi (2008).

Como exemplo de vantagens proporcionadas pelo sistema de custeio ABC, podemos destacar:

- A apuração e o controle de seus custos reais de produção e, principalmente, os custos indiretos de fabricação, os famosos *overhead*.
- A identificação e a mensuração dos custos da não qualidade (falhas internas e externas, prevenção, avaliação etc.).
- A evidenciação das dificuldades da empresa em relação a determinados produtos ou serviços, que também podem ser apontadas durante a apuração dos custos e são chamadas de gargalos.
- O levantamento de informações sobre as oportunidades para eliminar desperdícios e aperfeiçoar atividades.
- A eliminação e/ou a redução de atividades que não agregam ao produto o valor percebido pelo cliente.

- A identificação dos produtos e clientes mais lucrativos, bem como processos mais eficientes.
- O subsídio para o redimensionamento da plataforma de vendas (distribuidores e revendedores).
- As melhorias que podem ser implementadas na base de informações para a tomada de decisões.
- O estabelecimento de um conjunto de indicadores de *performance* capaz de medir a eficiência e a eficácia empresarial sob os aspectos produtivo, comercial, financeiro e societário.
- Agora que já comentamos as bases do ABC, vamos verificar a sua aplicação por meio de um exemplo.

Exemplo (adaptado de Warren, Reeve e Fess, 2001)

A Ruiz Company fabrica dois produtos: carrinho para neve e cortador de grama. Possui custos indiretos de produção (CIP) de R$ 1.600.000,00. Aqui os CIP são apresentados de forma sintética; mais à frente serão apresentadas as formas como a empresa pode controlar essas informações, o que será determinante para a apuração do custo dos produtos. Compõem esse CIP os custos de depreciação de equipamento e fábrica, energia elétrica, suprimentos e mão de obra indireta.

A empresa produz 1.000 unidades de cada produto. Ambos demandam 10 horas de mão de obra direta para a fabricação de uma unidade. Assim, a mão de obra direta para a produção de 1.000 unidades de cada produto totaliza 20.000 horas (ou seja, 20.000 horas de mão de obra direta, "hmod") (1.000 unidades × 10 hmod = 10.000 hmod × 2 produtos = 20.000 hmod).

Usando-se o rateio pelo custeio por absorção, levando em conta a taxa única de custo indireto e tendo sido utilizada a mão de obra direta (com essa indicação temos a informação de hmod despendidas ao longo da produção) como base, temos:

R$ 1.600.000,00/20.000 hmod = R$ 80,00 por hmod

Assim, temos:

Carrinho: R$ 80,00 × 10 hmod = R$ 800,00 por unidade

Cortador: R$ 80,00 × 10 hmod = R$ 800,00 por unidade

Logo, pelo sistema de custeio por absorção sem departamentalização, ambos os produtos apontaram a mesma distribuição dos CIP, não cabendo ao gestor decidir por preferência a produção de um ou outro produto, principalmente se houver restrição de insumos.

Usando-se o rateio pelo custeio por absorção, levando em conta a departamentalização do custo indireto, ou seja, os custos serão alocados em função de sua demanda (passagem) nos departamentos produtivos onde foram utilizados dois departamentos (montagem e fabricação), temos:

Montagem: R$ 570.000,00.
Fabricação: R$ 1.030.000,00.

Cada departamento despende 10.000 hmod, assim, temos:

Carrinho: R$ 570.000,00/10.000 hmod = R$ 57,00 por unidade
Cortador: R$ 1.030.000,00/10.000 hmod = R$ 103,00 por unidade

As informações aqui apresentadas foram oriundas do controle dos custos pela empresa, o que permitiu essa separação.

Sabe-se que o carrinho para neve requer 8 hmod no departamento de fabricação e mais 2 hmod no departamento de montagem, e que o cortador de grama despende 2 hmod no departamento de fabricação e 8 hmod no departamento de montagem, assim:

Carrinho: fabricação → 8 hmod × 103,00 = R$ 824,00 por unidade; montagem → 2 homd × 57,00 = R$ 114,00 por unidade
Cortador: fabricação → 2 hmod × 103,00 = R$ 206,00 por unidade; montagem → 8 homd × 57,00 = R$ 456,00 por unidade

Custos indiretos totais unitários:

Carrinho para neve: R$ 824,00 + R$ 114,00 = R$ 938,00
Cortador de grama: R$ 206,00 + R$ 456,00 = R$ 662,00

Assim, na Tabela 3.1 podemos verificar a comparação na alocação dos custos em relação à passagem pelos departamentos produtivos.

TABELA 3.1 Comparação na alocação dos custos em relação à passagem pelos departamentos produtivos

Produto	Absorção (R$)	Departamentos (R$)	Diferença (R$)
Carrinho de neve	800,00	938,00	138,00
Cortador de grama	800,00	662,00	(138,00)

Nesse caso, o gestor pode verificar que um produto recebe mais custos (carrinho) que o outro (cortador).

Com a utilização do ABC, a empresa informou que os custos indiretos de R$ 1.600.000,00 estavam assim divididos por atividade:

Fabricação: R$ 530.000,00.
Montagem: R$ 70.000,00.
Setup de máquinas: R$ 480.000,00.
Inspeção de controle de qualidade: R$ 312.000,00.
Alterações de engenharia: R$ 208.000,00.

Novamente, aqui foram apresentadas as informações conforme o controle dos custos pela empresa. Esse controle também tem um custo, pois requer mais atenção na alocação dos mesmos, mas ele não foi considerado nesse exemplo.

Assim, pode-se montar o quadro de atividades (Tabela 3.2) conforme as informações apresentadas pela empresa.

TABELA 3.2 Quadro de atividades da empresa

Produto	Atividades				
	Fabricação	Montagem	*Setup*	Inspeção	Engenharia
Carrinho	8.000 hmod	2.000 hmod	100	100	12
Cortador	2.000 hmod	8.000 hmod	20	4	4
Total	10.000 hmod	10.000 hmod	120	104	16

O próximo passo é montar o quadro de atividades "base de cálculo da taxa unitária" (Tabela 3.3) para chegar ao valor unitário de alocação dos custos no ABC.

Uma vez apontados os custos unitários mediante a aplicação dos direcionadores de custo, podemos elaborar o quadro de atividades "custos indiretos totais por produto", conforme a Tabela 3.4.

TABELA 3.3 Quadro de atividades "base de cálculo da taxa unitária"

Atividades	Base de cálculos		
	R$ Totais	Base	R$ Taxa unitária
Fabricação	530.000,00	10.000 hmod	53,00 por hmod
Montagem	70.000,00	10.000 hmod	7,00 por hmod
Setup	480.000,00	120 setups	4.000,00 por setup
Inspeção	312.000,00	104 inspeções	3.000,00 por inspeção
Engenharia	208.000,00	16 alterações	13.000,00 por alteração

TABELA 3.4 Quadro de atividades "custos indiretos totais por produto"

Atividades	Base de cálculos					
	Carrinho para neve			Cortador de grama		
	Unidade de medida	$ por unidade	$ total	Unidade de medida	$ por unidade	$ total
Fabricação	8.000 hmod	53,00	424.000,00	2.000 hmod	53,00	106.000,00
Montagem	2.000 hmod	7,00	14.000,00	8.000 hmod	7,00	56.000,00
Setup	100 setups	4.000,00	400.000,00	20 setups	4.000,00	80.000,00
Inspeção	100 inspeções	3.000,00	300.000,00	4 inspeções	3.000,00	12.000,00
Engenharia	12 alterações	13.000,00	156.000,00	4 alterações	13.000,00	52.000,00
Total			1.294.000,00			306.000,00

A seguir e na Tabela 3.5 são apresentadas as comparações dos três critérios abordados (absorção, absorção com departamentalização e ABC), bem como a síntese do custo por produto pelo sistema de custeio baseado em atividades.

Com a utilização do ABC, foram obtidos os seguintes custos indiretos unitários por produto:

Carrinho para neve – CIF totais: R$ 1.294.000,00.
Produção: 1.000 unidades.
CIF por unidade: 1.294.000,00/1.000 = R$ 1.294,00.

Cortador de grama – CIF totais: R$ 306.000,00.
Produção: 1.000 unidades.
CIF por unidade: 306.000,00/1.000 = R$ 306,00.

TABELA 3.5 Quadro-resumo da alocação dos três critérios

Produto	Absorção (R$)	Departamentos (R$)	ABC (R$)
Carrinho para neve	800,00	938,00	1.294,00
Cortador de grama	800,00	662,00	306,00

Nesse exemplo, pode ser verificada a diferença de valores na adoção de cada critério. O critério absorção alocou os custos de forma uniforme, não sendo possível determinar qual produto seria mais rentável para a empresa. Já no critério absorção com departamentalização, o produto cortador de grama acabou recebendo quantidade excessiva de custos, o que pode mascarar o seu real dispêndio na produção. E, finalmente, no ABC, em função das atividades demandadas ao longo do processo produtivo, chegou-se a um valor mais adequado dos custos em cada produto.

Lembramos que não existe um critério melhor ou pior que o outro, cada empresa deve determinar qual o melhor sistema a ser adotado em função de suas características e, principalmente, dos seus controles dos custos!

RESUMO DO CAPÍTULO

Neste capítulo foram apresentadas de maneira detalhada a apuração do custo da mercadoria vendida (CMV) e a apuração do valor em estoque pelo custeio por absorção e pelo custeio variável, apontando suas principais diferenças.

O capítulo incluiu, ainda, o custeio baseado em atividades (ABC), suas etapas, os direcionadores de custos e um comparativo entre custeio por absorção e ABC.

Saiba mais...

Existe uma série de sistemas de custeio adotados em todo o mundo.
Pesquise sobre outros sistemas de custeio. Como sugestão, busque conhecer:
- Custeio por absorção parcial.
- Custeio por absorção parcial modificado.
- Custeio por absorção pleno.
- Custeio RKW.

QUESTÕES DE FIXAÇÃO

1. Quais as características do custeio por absorção?
2. Quais as características do custeio variável?
3. Quais as características do custeio baseado em atividades?
4. O que compõe o valor das compras de matéria-prima (materiais diretos)?
5. Defina direcionador de custo, atividade, etapas de alocação de custos.

CAPÍTULO 4

Avaliação das saídas para a produção

O objetivo deste capítulo é apresentar os principais métodos de avaliação de estoques, possibilitando ao leitor:
- ✓ Conhecer os métodos de avaliação de estoques mais utilizados e aceitos pelo fisco – Peps, Ueps e MPM.
- ✓ Refletir sobre o impacto da adoção de um método de avaliação de estoques para tomada de decisão.

Segundo o item 6 do pronunciamento técnico CPC 16(R1) (CPC, 2015), estoque são ativos:

- Mantidos para venda no curso normal dos negócios.
- Em processo de produção para venda.
- Na forma de materiais ou suprimentos a serem consumidos ou transformados no processo de produção ou na prestação de serviços.

Além disso, segundo o item 8, os estoques compreendem bens adquiridos e destinados à venda, incluindo, por exemplo, mercadorias compradas por um varejista para revenda ou terrenos e outros imóveis para revenda. Os estoques também compreendem produtos acabados e produtos em processo de produção pela entidade, incluindo matérias-primas e materiais aguardando utilização no processo de produção, como componentes, embalagens e material de consumo.

No item 10, é apresentado o valor de custo do estoque. Nesse ponto, o CPC 16(R1) (CPC, 2015) indica que o valor de custo do estoque deve incluir todos os custos de aquisição e de transformação, bem como outros custos incorridos para trazer os estoques a sua condição e localização atuais. O custo de aquisição dos estoques compreende o preço de compra, os impostos de importação e outros tributos (exceto os recuperáveis junto ao fisco), bem como os custos de transporte, seguro, manuseio e outros diretamente atribuíveis à aquisição de produtos acabados, materiais e serviços. Descontos comerciais, abatimentos e outros itens semelhantes devem ser deduzidos na determinação do custo de aquisição.

São três os métodos mais conhecidos para avaliar o estoque de produtos:

- Peps (o primeiro que entra é o primeiro que sai).
- Ueps (o último que entra é o primeiro que sai).
- Custo médio.

Esses critérios têm como base o valor do custo histórico ativado no estoque, e não a validade ou o produto/mercadoria em si. O valor pode ser entendido como "preço" do custo. Por exemplo, no Peps temos que o primeiro "preço" que entrar será o primeiro "preço" a sair, valendo o mesmo entendimento para os demais critérios. Vamos a cada um deles.

MÉTODO PEPS (O PRIMEIRO QUE ENTRA É O PRIMEIRO QUE SAI OU FIFO – *FIRST IN, FIRST OUT*)

Nesse método de avaliação de estoques, como o próprio nome sugere, os produtos que foram primeiramente adicionados ao estoque serão os primeiros (teoricamente) a serem vendidos ou consumidos no processo produtivo. Ou seja, o registro contábil das vendas/consumo, para efeito de cálculo do custo, será feito pelo preço das primeiras compras adquiridas.

Exemplo (Tabela 4.1)

Saldo inicial de 20 unidades avaliadas em R$ 1,80 cada:

a. Compra de 100 unidades ao preço unitário de R$ 2,00.
b. Compra de 60 unidades ao preço unitário de R$ 2,20.
c. Venda de 30 unidades.
d. Venda de 50 unidades.
e. Compra de 70 unidades ao preço unitário de R$ 1,70.

TABELA 4.1 Movimentação física e financeira dos estoques pelo Peps

	Entradas			Saídas			Saldo		
	Quantidade	R$	Valor (R$)	Quantidade	R$	Valor (R$)	Quantidade	R$	Valor (R$)
Saldo inicial							20	1,80	36,00
Compra (a)	100	2,00	200,00				100	2,00	200,00
Saldo							120		236,00
Compra (b)	60	2,20	132,00				60	2,20	132,00
Saldo							180		368,00
Venda (c)				20	1,80	36,00	−20	1,80	−36,00
Venda (c)				10	2,00	20,00	−10	2,00	−20,00
Venda (d)				50	2,00	10,00	−50	2,00	−100,00
Saldo							100		212,00
Compra (e)	70	1,70	119,00				70	1,70	119,00
							170		331,00

O critério Peps considera que as primeiras mercadorias que entraram no estoque serão as primeiras que sairão dele. Tínhamos o saldo inicial de 20 mercadorias a R$ 1,80, totalizando R$ 36,00 no estoque. Foram feitas duas aquisições (a e b), aumentando o estoque, tanto em unidades físicas quanto em valor. As ordens que são feitas às entradas são importantes, pois determinarão os preços que serão baixados do estoque quando ocorrerem as vendas.

A primeira venda foi de 30 unidades (c). Havia 20 mercadorias no estoque inicial, que serão as primeiras a ser baixadas do estoque (observe que o preço das mercadorias do estoque inicial era de R$ 1,80). Como foram vendidas 30 unidades, as 10 unidades faltantes deverão ser consumidas da segunda entrada mais antiga (corresponde à compra (a), cujo valor foi de R$ 2,00). Depois foram vendidas mais 40 unidades (d), sendo baixadas integralmente do estoque de mercadorias mais antigo (a) a R$ 2,00.

Qual foi o estoque final? O estoque final foi de 170 unidades, sendo assim decomposto: 40 unidades que sobraram da compra (a) + 60 unidades da compra (b) e mais 70 unidades da compra (e).

Observação importante: o método Peps é aceito pelo fisco.

MÉTODO UEPS (O ÚLTIMO QUE ENTRA É O PRIMEIRO QUE SAI)

Nesse método de avaliação de estoques, como o próprio nome sugere, os produtos que foram recentemente adicionados ao estoque serão os primeiros (teoricamente) a serem vendidos ou consumidos no processo produtivo. Ou seja, o registro contábil de vendas/consumo, para efeito de cálculo do custo, será feito pelo preço das últimas compras adquiridas.

Observação importante: o método Ueps não é aceito pelo fisco.

Exemplo (Tabela 4.2)

Saldo inicial de 20 unidades avaliadas em R$ 1,80 cada:

f. Compra de 80 unidades ao preço unitário de R$ 2,00.
g. Compra de 50 unidades ao preço unitário de R$ 2,20.
h. Venda de 30 unidades.
i. Venda de 40 unidades.
j. Compra de 60 unidades ao preço unitário de R$ 1,70.

TABELA 4.2 Movimentação física e financeira dos estoques pelo Ueps

	Entradas			Saídas			Saldo		
	Quantidade	R$	Valor (R$)	Quantidade	R$	Valor (R$)	Quantidade	R$	Valor (R$)
Saldo inicial							20	1,80	36,00
Compra (f)	80	2,00	160,00				80	2,00	160,00
Saldo							100		196,00
Compra (g)	50	2,20	110,00				50	2,20	110,00
Saldo							150		306,00
Venda (h)				30	2,20	66,00	−30	2,20	−66,00
Venda (i)				20	2,20	44,00	−20	2,20	−44,00
Venda (i)				20	2,00	40,00	−20	2,00	−40,00
Saldo							80		156,00
Compra (j)	60	1,70	102,00				60	1,70	102,00
							140		258,00

O critério Ueps considera que as últimas mercadorias que entraram no estoque serão as primeiras que sairão dele. Havia no estoque 150 unidades – estoque inicial + compras (f) + (g) –, totalizando R$ 306,00 antes de ocorrer qualquer venda.

A primeira venda foi de 30 unidades (h). A última entrada (compra) no estoque havia sido de 50 unidades a R$ 2,20 – compra (g). Logo, essas 30 unidades vendidas sairão ao preço de R$ 2,20, totalizando R$ 66,00. Em seguida foram vendidas mais 40 unidades. A que preço? Lembre-se: o último que entra é o primeiro que sai. Da venda efetuada, sobraram no estoque 20 unidades (50 – 30). Do total de vendas, que foi de 40 unidades, 20 unidades deverão ser vendidas pelo preço de R$ 2,20, totalizando R$ 44,00. Ainda faltam 20 unidades para completar o total de 40 unidades vendidas. As 20 faltantes deverão ser consumidas da compra (f), que foi a mais recente depois da compra (g) ao preço de R$ 2,00, totalizando R$ 40,00.

Qual foi o estoque final? O estoque final foi de 140 unidades, assim decompostas: 20 unidades de saldo inicial + 60 unidades que sobraram da compra (f) + 60 unidades da compra (j). Repare que, caso haja alguma venda no momento atual, o estoque a ser consumido deverá ser o da compra (e), pois foi o último que entrou.

MÉTODO DO CUSTO MÉDIO OU MÉDIA PONDERADA MÓVEL (MPM)

Também conhecido como custo médio ponderado, esse é o método mais prático, mais simples e o mais usado no controle de custos. Por esse método, não é necessário seguir cronologia de lançamentos para determinar o custo das mercadorias vendidas/consumidas.

Exemplo (Tabela 4.3)

Saldo inicial de 20 unidades avaliadas em R$ 1,80 cada:

k. Compra de 80 unidades ao preço unitário de R$ 2,00.
l. Compra de 50 unidades ao preço unitário de R$ 2,20.
m. Venda de 30 unidades.
n. Venda de 40 unidades.
o. Compra de 60 unidades ao preço unitário de R$ 1,70.

TABELA 4.3 Movimentação física e financeira dos estoques pelo custo médio

	Entradas			Saídas			Saldo		
	Quantidade	R$	Valor (R$)	Quantidade	R$	Valor (R$)	Quantidade	R$	Valor (R$)
Saldo inicial							20	1,80	36,00
Compra (k)	80	2,00	160,00				80	2,00	160,00
Saldo							100	1,96	196,00
Compra (l)	50	2,20	110,00				50	2,20	110,00
Saldo							150	2,04	306,00
Venda (m)				30	2,04	61,20	−30	2,04	−61,20
Venda (n)				40	2,04	81,60	−40	2,04	−81,60
Saldo							80	2,04	163,20
Compra (o)	60	1,70	102,00				60	1,70	102,00
							140	1,89	265,20

Para entender o cálculo do custo dos produtos (saídas), é preciso saber como calcular o seu preço médio unitário, que nada mais é que o resultado da divisão entre o acumulado da quantidade adquirida e o seu valor correspondente.

A cada aquisição, nova média do valor do estoque deve ser efetuada. A primeira venda foi de 30 unidades (m). Essas unidades vendidas sairão ao preço médio de R$ 2,04 (306,00/150), totalizando R$ 61,20 (30 unidades × R$ 2,04). Em seguida foram vendidas mais 40 unidades, também a R$ 2,04, totalizando R$ 81,60 (40 unidades × R$ 2,04). Posteriormente foram compradas mais 60 unidades ao preço de R$ 1,70. O novo preço médio para venda passou a R$ 1,89 (265,20/140). Caso não seja feita mais nenhuma aquisição, o preço médio continuará em R$ 1,89. Somente novas aquisições poderão alterar o preço médio.

Qual foi o estoque final? O estoque final foi de 140 unidades ao preço médio de R$ 1,894286, totalizando R$ 265,20. No exemplo foram utilizadas apenas duas casas decimais.

Observação importante: o método custo médio é aceito pelo fisco.

Levando em consideração o ambiente tendencialmente inflacionário em que vivemos, o método Peps é o que apresenta maior lucro (aparente). A resposta é simples:

> Lucro = vendas − custo de mercadorias vendidas, ou seja, quanto menor for o custo da mercadoria vendida (CMV), maior será o lucro.

No método Ueps, esse resultado é o inverso.

DIVULGAÇÃO

De acordo com o CPC 16(R1) (CPC, 2015), as demonstrações contábeis devem divulgar:

- As políticas contábeis adotadas na mensuração dos estoques, incluindo formas e critérios de valoração utilizados.
- O valor total escriturado em estoques e o valor registrado em outras contas apropriadas para a entidade.
- O valor de estoques escriturados pelo valor justo menos os custos de venda.
- O valor de estoque reconhecido como despesa durante o período.
- O valor de qualquer redução de estoques reconhecida no resultado do período.
- O valor de reversão de qualquer redução do valor dos estoques reconhecida no resultado do período.
- As circunstâncias ou acontecimentos que conduziram à reversão de redução de estoques.
- O montante escriturado de estoques dados como penhor de garantia a passivos.

A informação relativa a valores contábeis registrados nas diferentes classificações de estoques e a proporção de alterações nesses ativos é útil para os usuários das demonstrações contábeis.

As classificações comuns de estoques são: mercadorias, bens de consumo de produção, materiais, produto em elaboração e produtos acabados. O prestador de serviços pode ter trabalhos em andamento classificáveis como estoque em elaboração.

RESUMO DO CAPÍTULO

> Neste capítulo foram apresentados o conceito de estoque e os métodos de avaliação das saídas para produção (método Peps – o primeiro que entra é o primeiro que sai – ou Fifo – *first in, first out*; método Ueps – o último que entra é o primeiro que sai; e método do custo médio ou média ponderada móvel – MPM), suas diferenças e as divulgações requeridas pelo CPC 16.

> **Saiba mais...**
> A avaliação de estoques é um procedimento muito utilizado na contabilidade de custos e pode influenciar o resultado, bem como reduzir ou aumentar o valor do estoque em uma empresa.
> Você conhece outros métodos de avaliação de estoques? O que seria o método de avaliação por "preço específico"? Existe outro método de avaliação médio?
> Faça uma pesquisa e debata com os colegas a respeito.

QUESTÕES DE FIXAÇÃO

1. Como o método Peps avalia o estoque?
2. Como o método Ueps avalia o estoque?
3. Como o método MPM avalia o estoque?
4. Quais os impactos no resultado e nos estoques em cada um dos métodos (Peps, Ueps, MPM)?
5. Quais as divulgações requeridas nas notas explicativas relativas aos estoques?

CAPÍTULO 5

Materiais diretos, subprodutos e sucatas

O objetivo deste capítulo é apresentar os demais conceitos sobre o processo produtivo, possibilitando ao leitor:
- ✓ Entender a definição de materiais diretos, subprodutos e sucatas.
- ✓ Identificar os tipos de perda.

PERDAS DE MATERIAIS

Durante o processo de produção ocorrem perdas normais e perdas anormais. A *perda normal*, também denominada produtiva, é relativa ao processo normal de produção, sendo contabilizada como custo. Essa perda representa um gasto normal inerente à fabricação, sendo considerada parte do custo. Por exemplo, teríamos as sobras dos cortes de tecidos utilizados em uma indústria de roupas, que seriam registradas como custo de matéria-prima.

A *perda anormal*, também conhecida como improdutiva, ocorre de forma involuntária e aleatória. Por exemplo: incêndio e alagamento.

Diferentemente do caso de perda normal, a perda anormal reduz o patrimônio por fatores alheios à vontade da empresa, não integrando o custo da produção. É tratada como perda do período, sendo apropriada diretamente ao resultado.

SUBPRODUTOS

São itens que nascem de forma normal durante a produção e que têm um mercado de venda relativamente estável. Essas são as características básicas.

Outro ponto importante: representam uma porção não significativa (ínfima) do faturamento total da empresa. Por não serem significativos, não são atribuídos custos de produção aos subprodutos.

A receita originada da venda desses subprodutos reduz o custo de produção da empresa. O valor da venda dos subprodutos não é registrado como receita. Outro ponto importante: os subprodutos são avaliados contabilmente pelo valor líquido de realização.

SUCATAS

Apresentam pelo menos um dos fatores:

- Flutuação ou inexistência do preço de venda.
- Não ocorrência da mencionada estabilidade para a sua comercialização.
- Existência apenas eventual de compradores.

Além disso, as sucatas não recebem custos, e sua receita não diminui os custos da produção. Por fim, as sucatas não aparecem como estoques na contabilidade, e suas vendas são registradas como "outras receitas operacionais".

RESUMO DO CAPÍTULO

Neste capítulo foram apresentados rapidamente os principais conceitos de perdas (anormais e normais), subprodutos e sucatas.

As perdas podem ser de natureza normal, ou seja, oriundas do processo produtivo ou de causa adversa, como incêndios etc.

Os subprodutos são itens que nascem de forma normal durante a produção e que têm um mercado de venda relativamente estável.

As sucatas têm como algumas de suas características: flutuação ou inexistência do preço de venda, não ocorrência de estabilidade para a sua comercialização, existência apenas eventual de compradores etc.

> **Saiba mais...**
> Produtos, subprodutos, sucatas e perdas são tratados de forma diferenciada em uma empresa, variando a sua nomenclatura e a intensidade conforme a relevância dos valores.
> Produtos principais são os que emergem do ponto de separação e cujas vendas representam parcela significativa das vendas totais das empresas.
> Subprodutos são os que emergem do ponto de separação e cujas vendas são relativamente pequenas se comparadas às vendas dos produtos principais.
> Sucatas são os produtos que não satisfazem os padrões exigidos pelos clientes para as unidades perfeitas e são descartados ou vendidos a preços reduzidos.
> Perdas são os recursos consumidos no processo de produção que não se incorporam aos produtos (por exemplo, materiais perdidos, evaporados ou encolhidos e resíduos sem valor econômico) e os produtos impróprios para comercialização, que são descartados ou, na melhor das hipóteses, vendidos por um valor de alienação.
> O que são coprodutos? Pesquise autores que discorram sobre esse tema.
>
> Fonte: Horngren, Datar e Foster (2004).

QUESTÕES DE FIXAÇÃO

1. Defina perda.
2. Quais os tipos de perda?
3. Cite exemplos de perdas anormais.
4. O que é subproduto?
5. Quais os fatores característicos para definição de sucata?

CAPÍTULO 6

Exercícios e questões

EXERCÍCIOS

Exercício 1

A empresa Caravellas Ltda. produz cadernos, fichários e agendas. Para a produção dos três produtos, há a incidência de um custo indireto de R$ 50.000. O gerente da empresa decidiu fazer o rateio desse custo com base nas horas-máquina (hm) trabalhadas para cada um dos produtos. O consumo de hm é de 100, 150 e 170 para cada tipo de produto, respectivamente. Foram produzidas 300 unidades no total, sendo 100 unidades para cada um dos produtos. O custo direto unitário foi de R$ 220 para o caderno, R$ 230 para o fichário e R$ 280 para a agenda. Com base nessas informações, qual o custo unitário de cada um dos produtos?

Resolução

1. Como foi definido que o critério de rateio dos custos indiretos será com base nas horas-máquina, o primeiro passo será:
   Rateio do custo indireto aos produtos: R$ 50.000/720 = 119,05
2. Posteriormente deve-se multiplicar o custo indireto pelas horas-máquina consumidas por cada um dos produtos.
3. O custo unitário será o custo indireto calculado dividido pela quantidade de cada produto produzida, que nesse caso foi de 100 unidades.
4. O custo unitário será a soma do custo indireto unitário com o custo direto unitário.

Produto	hm	Quantidade	Custo indireto	Custo indireto unitário	Custo unitário
Caderno	100	100	100 × 119,05 = 11.904,76	11.904,76/100	119,05 + 220
Fichário	150	100	150 × 119,05 = 17.857,14	17.857,14/100	178,57 + 230
Agenda	170	100	170 × 119,05 = 20.238,10	20.238,10/100	202,38 + 280
Total	420	300	50.000,00		

Caderno: custo unitário de R$ 339,05.
Fichário: custo unitário de R$ 408,57.
Agenda: custo unitário de R$ 482,38.

Exercício 2

Uma indústria apresenta os seguintes dados:

Aluguel do setor administrativo	R$ 50.000,00
Aluguel do setor de produção	R$ 54.000,00
Depreciação da área de produção	R$ 48.000,00
Mão de obra direta de produção	R$ 90.000,00
Mão de obra direta de vendas	R$ 86.000,00
Material requisitado direto	R$ 77.000,00
Material requisitado indireto	R$ 70.000,00
Salários da diretoria de vendas	R$ 44.000,00
Seguro da área de produção	R$ 48.000,00

Calcule o custo de transformação.

Resolução

O custo de transformação será:

Aluguel do setor de produção	R$ 54.000,00
Depreciação da área de produção	R$ 48.000,00
Mão de obra direta de produção	R$ 90.000,00
Material requisitado indireto	R$ 70.000,00
Seguro da área de produção	R$ 38.000,00
Total	**R$ 310.000,00**

Exercício 3

Em setembro de 2015, foram apresentados os saldos das contas a seguir:

Comissões sobre vendas	R$ 4.000,00
Depreciação de máquinas de produção	R$ 2.500,00
Energia elétrica consumida na produção	R$ 32.000,00
Despesa de entrega de produtos vendidos	R$ 1.000,00
Honorários da diretoria	R$ 5.000,00
Despesa com depreciação dos móveis do escritório	R$ 100,00
Salários e encargos dos operários da fábrica	R$ 30.000,00
Matéria-prima consumida na produção	R$ 20.000,00
Publicidade	R$ 500,00
Salários e encargos do pessoal administrativo	R$ 40.000,00

Calcule o total dos custos e despesas.

Resolução

Despesas	
Comissões sobre vendas	R$ 4.000,00
Despesa de entrega de produtos vendidos	R$ 1.000,00
Honorários da diretoria	R$ 5.000,00
Despesa com depreciação dos móveis do escritório	R$ 100,00
Publicidade	R$ 500,00
Salários e encargos do pessoal administrativo	R$ 40.000,00
Total	R$ 50.600,00

Custos	
Depreciação de máquinas de produção	R$ 2.500,00
Energia elétrica consumida na produção	R$ 32.000,00
Salários e encargos dos operários da fábrica	R$ 30.000,00
Matéria-prima consumida na produção	R$ 20.000,00
Total	R$ 84.500,00

Exercício 4

[ABC] A Empresa Bill Goiaba S.A. produz três tipos de produtos: o produto A, o produto B e o produto C. Assim, de forma simplificada, a empresa conseguiu alocar os custos em função de três atividades e direcionadores de custos para os custos indiretos de produção:

Atividade	Direcionador de custo
Manusear materiais	Custo dos materiais diretos
Realizar	Avisos de alterações da engenharia
Energizar	Quilowatt-hora

Os custos apurados, bem como os direcionadores de custo, em determinado mês foram os mostrados a seguir, apresentando-se primeiro os custos diretos.

Descrição	Produto A	Produto B	Produto C
Custos de materiais diretos	25.000,00	50.000,00	125.000,00
Custos com mão de obra direta	4.000,00	1.000,00	3.000,00
Quilowatts-hora	50.000,00	200.000,00	150.000,00
Avisos de alteração da engenharia	13	5	2

Os custos indiretos da produção foram:

Atividade	R$
Manusear materiais	8.000,00
Realizar engenharia	20.000,00
Energizar	16.000,00
Total dos CIP	44.000,00

a. Calcule o custo indireto de produção (CIP) alocado em cada produto com o sistema ABC.
b. Suponha que todos os custos indiretos de manufatura tenham sido alocados aos produtos na proporção de seus custos de mão de obra direta. Calcule o custo indireto de produção (CIP) alocado a cada produto.
c. Em quais custos de produtos você tem mais confiança: nos do item *a* ou nos do item *b*? Por quê?

Resolução

1. O primeiro passo é determinar o custo por direcionador de custo até cada atividade.

Atividade (direcionador de custo)	Custos indiretos do mês	Atividade do direcionador de custo	Custo por unidade (direcionador)
Manusear materiais (direcionador do MAT)	R$ 8.000,00	R$ 200.000,00	R$ 0,04
Engenharia (avisos de alterações)	R$ 20.000,00	20	R$ 1.000,00
Energia (quilowatts-hora)	R$ 16.000,00	R$ 400.000,00	R$ 0,04
Total dos CIP	R$ 44.000,00		

O próximo passo está em alocar os custos determinados pelos direcionadores de custo em cada produto.

Custo	Produto A		Produto B		Produto C	
Manusear materiais	R$ 0,04 × R$ 25.000,00	= R$ 1.000,00	R$ 0,04 × R$ 50.000,00	= R$ 2.000,00	R$ 0,04 × R$ 125.000,00	= R$ 5.000,00
Engenharia	R$ 1.000,00 × 13	= R$ 13.000,00	R$ 1.000,00 × 5	= R$ 5.000,00	R$ 1.000,00 × 2	= R$ 2.000,00
Energia	R$ 0,04 × R$ 50.000,00	= R$ 2.000,00	R$ 0,04 × R$ 200.000,00	= R$ 8.000,00	R$ 0,04 × R$ 150.000,00	= R$ 6.000,00
Total		= R$ 16.000,00		= R$ 15.000,00		= R$ 13.000,00

2. A taxa de alocação baseada na mão de obra direta (MOD) é:
   Taxa = total de custos indiretos/total de custos de MOD →
   R$ 44.000,00/R$ 8.000,00 = R$ 5,50/MOD

Os R$ 8.000,00 de MOD são compostos por R$ 4.000,00 (produto A) + R$ 1.000,00 (produto B) + R$ 3.000,00 (produto C).

Agora basta alocar os custos indiretos aos produtos utilizando a taxa de MOD.

Produto A: R$ 5,50 × R$ 4.000,00 = R$ 22.000,00
Produto B: R$ 5,50 × R$ 1.000,00 = R$ 5.500,00
Produto C: R$ 5,50 × R$ 3.000,00 = R$ 16.500,00
Total   **R$ 44.000,00**

Pode-se perceber que poucos dos CIP foram alocados ao produto B, principalmente os de energia. Por quê? Porque o produto B necessita de pouca MOD, mas em compensação requer bastante energia.

3. Os custos dos produtos, conforme apontado no item 1, são mais precisos se os direcionadores de custo forem bons indicadores das causas dos custos – ambos são plausíveis e confiáveis. Por exemplo, quilowatts-hora é certamente uma medida muito mais eficiente que as horas de MOD. Portanto, a alocação dos custos de energia no item 1 é certamente melhor que a utilizada no item 2. O manuseio de materiais e os custos com engenharia são igualmente mais plausíveis. Um gerente poderia basear a sua decisão com mais confiança em função do item 1 do que do item 2. Lembre-se, no entanto, de que existem custos incrementais de coleta de dados associados com o sistema mais preciso, no caso o ABC. Os critérios de custo/benefício devem ser aplicados para decidir qual sistema de custeio é o melhor a ser adotado pela empresa.

Exercício 5

No dia 31 de janeiro de 2015, a Indústria Ripah Nah Xchulipa S.A. tinha em estoque 10.000 unidades do seu produto principal, contabilizado pelo valor total de R$ 32.500,00. No mês de fevereiro de 2015, foram produzidas 20.000 unidades, com os seguintes custos:

- Matéria-prima: R$ 24.000.
- Mão de obra direta: R$ 28.500.
- Custos indiretos de fabricação: R$ 16.500.

Calcule o custo dos produtos vendidos, sabendo que o estoque final do produto é de 6.500 unidades no final do mês de fevereiro de 2015. A indústria utiliza o Ueps (último a entrar, primeiro a sair) como metodologia de controle de estoques. E se a empresa utilizasse o Peps (primeiro a entrar, primeiro a sair)? E pela MPM (média ponderável móvel)?

Resolução

O primeiro passo é separar as informações:

Janeiro de 2015
Unidades em estoque: 10.000 unidades.
Custo total: R$ 32.500,00.
Custo unitário em janeiro: R$ 3,25 (32.500,00/10.000).

Fevereiro de 2015
Produção: 20.000 unidades.
Custo da matéria-prima consumida: R$ 24.000,00.
Custo da mão de obra consumida: R$ 28.500,00.
Custos indiretos incorridos: R$ 16.500,00.
Custos totais alocados à produção: R$ 69.000,00 (a soma dos três custos).
Custo unitário em fevereiro: R$ 3,45 (69.000,00/20.000).

Estoque final em fevereiro de 2015: 6.500 unidades.

Produtos vendidos no mês de fevereiro de 2015: 23.500 unidades.

1 – Ueps

Pelo Ueps	Entrada			Saída			Saldo		
	Quantidades	Custo unitário (R$)	Total (R$)	Quantidades	Custo unitário (R$)	Total (R$)	Quantidades	Custo unitário (R$)	Total (R$)
Saldo inicial									
Produção de fevereiro	20.000	3,45	69.000,00						
Vendas do período				20.000	3,45	69.000,00			
				3.500	3,25	11.375,00	6.500	3,25	21.125,00
Saldo final em fevereiro				CPV 80.375,00			6.500	3,25	21.125,00

2 – Peps

Pelo Peps	Entrada			Saída			Saldo		
	Quanti-dades	Custo unitário (R$)	Total (R$)	Quanti-dades	Custo unitário (R$)	Total (R$)	Quanti-dades	Custo unitário (R$)	Total (R$)
Saldo inicial							10.000	3,25	32.500,00
Produção de fevereiro	20.000	3,45	69.000,00				10.000	3,25	32.500,00
							20.000	3,45	69.00,00
Vendas do período				10.000	3,25	32.500,00			
				13.500	3,45	46.575,00	6.500	3,25	21.125,00
Saldo final em fevereiro				CPV 80.375,00			6.500	3,25	21.125,00

3 – MPM ou CMPM

Pelo MPM	Entrada			Saída			Saldo		
	Quanti-dades	Custo unitário (R$)	Total (R$)	Quanti-dades	Custo unitário (R$)	Total (R$)	Quanti-dades	Custo unitário (R$)	Total (R$)
Saldo inicial							10.000	3,25	32.500,00
Produção de fevereiro	20.000	3,45	69.000,00				30.000	3,38	101.500,00
Vendas do período				23.500	3,38	79.508,33	6.500	3,38	21.991,67
							6.500	3,38	21.991,67
Saldo final em fevereiro				CPV 80.375,00			6.500	3,25	21.125,00

Exercício 6

Uma empresa vende mercadorias. Seu capital social foi constituído por R$ 1.000.000,00, integralizado R$ 500.000,00 por meio de conta-corrente (banco); R$ 100.000,00 por meio de máquinas e equipamentos; R$ 250.000,00 em veículos utilitários; R$ 50.000,00 em móveis e utensílios; R$ 100.000,00 em mercadorias para estoque, sendo este composto por 100.000 unidades da mercadoria X.

Ao longo do período, ocorreram os seguintes fatos contábeis:

- Venda de 50% do estoque por R$ 100.000,00.
- Compra de 100.000 unidades da mercadoria X por R$ 1,20 cada, à vista.
- Venda de 75% dos estoques de mercadoria X por R$ 200.000,00.
- Compra de 50.000 unidades da mercadoria X por R$ 1,30 a unidade (pagamento a prazo).

Informações complementares:

- A taxa de depreciação anual é de 20% para veículos; 10% para máquinas, equipamentos, móveis e utensílios.
- Todas as vendas foram recebidas à vista por meio de depósito em conta corrente da empresa.
- Despesas do período: R$ 10.000,00 com vendas; R$ 24.000,00 com aluguel; e R$ 20.000,00 com a administração.

Elabore o balanço patrimonial da empresa, bem como a DRE, utilizando os métodos de avaliação de estoques Peps, Ueps e CMPM[1].

Resolução

Cálculo da depreciação
Móveis: 50.000,00 × 10% (ao ano) = 5.000,00
Máquinas: 100.000,00 × 10% (ao ano) = 10.000,00
Veículos: 250.000,00 × 20% (ao ano) = 50.000,00
Total de despesa com depreciação e depreciação acumulada = 65.000,00

O total das despesas é de: R$ 119.000,00, sendo R$ 65.000,00 de depreciação; R$ 10.000,00 com vendas; R$ 24.000,00 com aluguel; e R$ 20.000,00 com a administração.

---

[1] O custo médio ponderado móvel é apenas outra nomenclatura para a média ponderada móvel (MPM).

Conciliação da conta-corrente (banco)
Saldo inicial = 500.000,00
Recebimentos: 100.000,00 + 200.000,00 = 300.000,00
Pagamentos (compras à vista e despesas sem a depreciação, pois não significa pagamento): 120.000,00 + 54.000,00 = 174.000,00
Logo: 500.000,00 + 300.000,00 − 174.000,00 = 626.000,00

Lançamento contábil de abertura
D − Conta-corrente (bancos)(ativo circulante): 500.000,00
D − Máquinas e equipamentos (ativo não circulante): 100.000,00
D − Veículos (ativo não circulante): 250.000,00
D − Móveis e utensílios (ativo não circulante): 50.000,00
D − Estoques (ativo circulante): 100.000,00
C − Capital social (patrimônio líquido): 1.000.000,00

Lançamento contábil das despesas
D − Despesas administrativas (resultado − DRE): 20.000,00
D − Despesas com vendas (resultado − DRE): 10.000,00
D − Despesas com aluguel (resultado − DRE): 24.000,00
C − Conta-corrente (bancos)(ativo circulante): 54.000,00*

* Aqui foi realizado um lançamento simplificado. Lembramos que cada lançamento de despesa deve ter a sua "origem" correspondente para que se possa verificar o histórico da operação. Por exemplo, a despesa com aluguel deve ser registrada contra um passivo para depois ser efetivado o pagamento, diminuindo o ativo. Exemplo:

Quando da competência da despesa
D − Despesas com aluguel (resultado − DRE): 24.000,00
C − Aluguéis (passivo, mesma classificação de um fornecedor, por exemplo): 24.000,00.

Quando do pagamento
D − Aluguéis (passivo, mesma classificação de um fornecedor, por exemplo): 24.000,00
C − Conta-corrente (bancos)(ativo circulante): 24.000,00

Lançamento contábil da depreciação
D − Despesa com depreciação (resultado − DRE): 65.000,00
C − Depreciação acumulada (ativo não circulante): 65.000,00

Lançamento das receitas (somadas)
D – Conta-corrente (bancos) (ativo circulante): 300.000,00
C – Receitas com vendas de mercadoria (resultado – DRE): 300.000,00*

* Aqui vale a mesma observação em relação às despesas, mas com a inversão das contas. Para que se realize uma venda, uma empresa precisa emitir nota fiscal, e isso só será possível se ela tiver o cadastro do cliente (contas a receber), assim, primeiro deve-se registrar a operação contra um cliente (contas a receber) no ativo circulante e depois registrar o seu recebimento. Exemplo:

Quando da origem da receita
D – Clientes n. 12.345 (contas a receber)(ativo circulante): 300.000,00
C – Receitas com vendas de mercadoria (resultado – DRE): 300.000,00

Quando do recebimento
D – Conta-corrente (bancos) (ativo circulante): 300.000,00
C – Clientes n. 12.345 (contas a receber)(ativo circulante): 300.000,00

Lançamento do custo da mercadoria vendida (esta vai variar de acordo com o critério de avaliação – Peps, Ueps ou MPM):
D – Custo da mercadoria vendida – CMV (resultado – DRE): 175.000,00
C – Estoques (ativo circulante): 175.000,00

Lançamento contábil do resultado
D – Apuração do resultado do exercício (ARE) (resultado – DRE): 6.000,00*
C – Reserva de lucro (patrimônio líquido): 6.000,00

* A conta ARE é o confronto de todas as receitas com todas as despesas e custos, pois nenhuma conta de resultado pode ter saldo ao final de sua apuração. Para isso, todas as despesas e custos são creditadas e todas as receitas, debitadas (lançamento inverso ao original); assim, as contas de receitas, despesas e custos ficam com saldo zerado após a apuração do lucro ou prejuízo. Exemplo:

Pelas despesas
D – Apuração de resultado – ARE (resultado – DRE): 294.000,00
C – Despesas administrativas (resultado – DRE): 20.000,00
C – Despesas com vendas (resultado – DRE): 10.000,00

C – Despesas com aluguel (resultado – DRE): 24.000,00
C – Despesas com depreciação (resultado – DRE): 65.000,00
C – Custo da mercadoria vendida – CMV (resultado – DRE): 175.000,00

Pelas receitas:
D – Receitas com vendas de mercadoria (resultado – DRE): 300.000,00
C – Apuração de resultado – ARE (resultado – DRE): 300.000,00

Repare que o valor que sobra – 6.000,00 – entre o confronto das receitas, despesas e custos na DRE é exatamente o mesmo valor que deve ser transportado da ARE para o patrimônio líquido. Daí o lançamento realizado. Com isso, todas as contas de resultado estão agora sem saldo, ou melhor, com saldo zero.

1 – Peps

Balanço patrimonial			
Ativo		Passivo	
AC		PC	
Banco	626.000,00	Fornecedor	65.000,00
Estoques	110.000,00		
ANC		PNC	
Imobilizado			
Móveis	50.000,00	PL	
Máquinas	100.000,00	Capital social	1.000.000,00
Veículos	250.000,00	Reserva de lucro	6.000,00
(–) Depreciação acumulada	(65.000,00)		
Total do ativo	1.071.000,00	Total	1.071.000,00

AC: ativo circulante; ANC: ativo não circulante; PC: passivo circulante; PNC: passivo não circulante; PL: patrimônio líquido.

DRE	
Receitas	300.000,00
(–) CMV	(175.000,00)
(=) Lucro bruto	125.000,00
(–) Despesas	(119.000,00)
(=) Lucro líquido	6.000,00

Ficha de controle de estoque – Peps

Peps	Entrada			Saída			Saldo		
Mercadoria X	Qtd.	V. unit. (R$)	Total (R$)	Qtd.	V. unit. (R$)	Total (R$)	Qtd.	V. unit. (R$)	Total (R$)
Entrada (capital social)	100.000	1,00	100.000,00	–	–	–	100.000	1,00	100.000,00
Venda 50% estoques	–	–		50.000	1,00	50.000,00	50.000	1,00	50.000,00
Compra 100.000 unid.	100.000	1,20	120.000,00	–	–	–	50.000	1,00	50.000,00
							100.000	1,20	120.000,00
Venda 75% estoques	–	–	–	50.000	1,00	50.000,00			
				62.500	1,20	75.000,00	37.500	1,20	45.000,00
Compra 50.000 unid.	50.000	1,30	65.000,00	–	–	–	37.500	1,20	45.000,00
							50.000	1,30	65.000,00
CMV	175.000,00								
EF	110.000,00								

EF: Estoque final.

2 – Ueps

Lançamentos idênticos ao Peps até chegar neste ponto:

Lançamento do custo da mercadoria vendida (esta vai variar de acordo com o critério de avaliação – Peps, Ueps ou MPM)
D – Custo da mercadoria vendida – CMV (resultado – DRE): 182.500,00.
C – Estoques (ativo circulante): 182.500,00.

Lançamento contábil do resultado
D – Prejuízo acumulado (patrimônio líquido): 1.500,00.
C – Apuração do resultado – ARE (resultado – DRE): 1.500,00.

Aqui houve alteração na conta do patrimônio líquido e também no lançamento da ARE, pois a empresa apurou prejuízo em vez de lucro. As despesas e custos foram maiores do que as receitas.

Pelas despesas
D – Apuração de resultado – ARE (resultado – DRE): 301.500,00.
C – Despesas administrativas (resultado – DRE): 20.000,00.
C – Despesas com vendas (resultado – DRE): 10.000,00.
C – Despesas com aluguel (resultado – DRE): 24.000,00.
C – Despesas com depreciação (resultado – DRE): 65.000,00.
C – Custo da mercadoria vendida – CMV (resultado – DRE): 182.500,00.

Pelas receitas
D – Receitas com vendas de mercadoria (Resultado – DRE): 300.000,00.
C – Apuração de resultado – ARE (resultado – DRE): 300.000,00.

Repare que o valor de 1.500,00 entre o confronto das receitas, despesas e custos na DRE é exatamente o mesmo que deve ser transportado da ARE para o patrimônio líquido. Daí o lançamento realizado. Com isso, todas as contas de resultado estão agora sem saldo, ou melhor, com saldo zero.

Balanço patrimonial			
Ativo		Passivo	
AC		PC	
Banco	626.000,00	Fornecedor	65.000,00
Estoques	102.500,00		
ANC		PNC	
Imobilizado			
Móveis	50.000,00	PL	
Máquinas	100.000,00	Capital social	1.000.000,00
Veículos	250.000,00	Prejuízo acumulado	(1.500,00)
(–) Depósito acumulado	(65.000,00)		
Total do ativo	1.063.500,00	Total	1.063.500,00

AC: ativo circulante; ANC: ativo não circulante; PC: passivo circulante; PNC: passivo não circulante; PL: patrimônio líquido.

DRE	
Receitas	300.000,00
(–) CMV	(182.500,00)
(=) Lucro bruto	117.500,00
(–) Despesas	(119.000,00)
(=) Prejuízo	(1.500,00)

Ficha de controle de estoque – Ueps

Ueps	Entrada			Saída			Saldo		
Mercadoria X	Qtd.	V. unit. (R$)	Total (R$)	Qtd.	V. unit. (R$)	Total (R$)	Qtd.	V. unit. (R$)	Total (R$)
Entrada (capital social)	100.000	1,00	100.000,00	–	–	–	100.000	1,00	100.000,00
Venda 50% estoques	–	–	–	50.000	1,00	50.000,00	50.000	1,00	50.000,00
Compra 100.000 unid.	100.000	1,20	120.000,00	–	–	–	50.000	1,00	50.000,00
							100.000	1,20	120.000,00
Venda 75% estoques	–	–	–	100.000	1,20	120.000,00			
				12.500	1,00	12.500,00	37.500	1,00	37.500,00
Compra 50.000 unid.	50.000	1,30	65.000,00	–	–	–	37.500	1,00	37.500,00
							50.000	1,30	65.000,00
CMV	182.500,00								
EF	102.500,00								

3 – MPM ou CMPM

Até este ponto, lançamentos idênticos aos anteriores (Peps e Ueps).

Lançamento do custo da mercadoria vendida (esta vai variar de acordo com o critério de avaliação – Peps, Ueps ou MPM)
D – Custo da mercadoria vendida – CMV (resultado – DRE): 177.500,00.
C – Estoques (ativo circulante): 177.500,00.

Lançamento contábil do resultado
D – Apuração do resultado – ARE (resultado – DRE): 3.500,00.
C – Reserva de lucro (patrimônio líquido): 3.500,00.

Pelas despesas
D – Apuração de resultado – ARE (resultado – DRE): 296.500,00.
C – Despesas administrativas (resultado – DRE): 20.000,00.

C – Despesas com vendas (resultado – DRE): 10.000,00.
C – Despesas com aluguel (resultado – DRE): 24.000,00.
C – Despesas com depreciação (resultado – DRE): 65.000,00.
C – Custo da mercadoria vendida – CMV (resultado – DRE): 177.500,00.

Pelas receitas
D – Receitas com vendas de mercadoria (resultado – DRE): 300.000,00.
C – Apuração de resultado – ARE (resultado – DRE): 300.000,00.

Repare que o valor que sobra – 3.500,00 – entre o confronto das receitas, despesas e custos na DRE é exatamente o mesmo valor que deve ser transportado do ARE para o patrimônio líquido. Daí o lançamento realizado. Com isso, todas as contas de resultado estão agora sem saldo, ou melhor, com saldo zero.

Balanço patrimonial			
Ativo		Passivo	
AC		PC	
Banco	626.000,00	Fornecedor	65.000,00
Estoques	107.500,00		
ANC		PNC	
Imobilizado			
Móveis	50.000,00	PL	
Máquinas	100.000,00	Capital social	1.000.000,00
Veículos	250.000,00	Resíduos lucros	3.500,00
(–) Depósito acumulado	(65.000,00)		
Total do ativo	1.068.500,00	Total	1.068.500,00

AC: ativo circulante; ANC: ativo não circulante; PC: passivo circulante; PNC: passivo não circulante; PL: patrimônio líquido.

DRE	
Receitas	300.000,00
(–) CMV	(177.500,00)
(=) Lucro bruto	122.500,00
(–) Despesas	(119.000,00)
(=) Lucro líquido	3.500,00

Ficha de controle de estoque – MPM ou CMPM

CMPM Mercadoria X	Entrada			Saída			Saldo		
	Qtd.	V. unit. (R$)	Total (R$)	Qtd.	V. unit. (R$)	Total (R$)	Qtd.	V. unit. (R$)	Total (R$)
Entrada (capital social)	100.000	1,00	100.000,00	–	–	–	100.000	1,00	100.000,00
Venda 50% estoques	–	–	–	50.000	1,00	50.000,00	50.000	1,00	50.000,00
Compra 100.000 unid.	100.000	1,20	120.000,00	–	–	–	150.000	1,13	170.000,00
Venda 75% estoques	–	–	–	112.500	1,13	127.500,00	37.500	1,13	42.500,00
Compra 50.000 unid.	50.000	1,30	65.000,00	–	–	–	87.500	1,23	107.500,00
CMV		177.500,00							
EF		107.500,00							

Exercício 7

Uma empresa possuía saldo inicial de estoques no valor de R$ 100.000,00, composto por 100.000 unidades. Ao longo do período foram apurados os seguintes fatos contábeis:

- Comprou 200.000 unidades a R$ 1,25 cada.
- Vendeu mercadorias no total de 125.000 unidades.
- Comprou 100.000 unidades a R$ 1,30 cada.
- Vendeu 237.000 unidades.
- Comprou 200.000 unidades a R$ 1,35 cada.
- Vendeu 125.000 unidades.
- Comprou 40.000 unidades a R$ 1,40 cada.

Apure o custo das mercadorias vendidas (CMV), bem como o saldo final de estoque, utilizando os três métodos: Peps, Ueps e MPM.

Resolução

A seguir são apresentadas as fichas de estoque utilizadas em cada método.

1 – Peps

Peps	Entradas			Saídas			Saldo		
	Quant.	Preço unit. (R$)	Total (R$)	Quant.	Preço unit. (R$)	Total (R$)	Quant.	Preço unit. (R$)	Total (R$)
Saldo inicial	100.000	1,00	100.000,00	–	–	–	100.000	1,00	100.000,00
Compra 200.000	200.000	1,25	250.000,00	–	–	–	100.000	1,00	100.000,00
							200.000	1,25	250.000,00
Venda 125.000	–	–	–	100.000	1,00	100.000,00			
				25.000	1,25	32.250,00	175.000	1,25	218.750,00
Compra 100.000	100.000	1,30	130.000,00	–	–	–	175.000	1,25	218.750,00
							100.000	1,30	130.000,00
Venda 237.000	–	–	–	175.000	1,25	218.750,00			
				62.000	1,30	80.600,00	38.000	1,30	49.400,00
Compra 200.000	200.000	1,35	270.000,00	–	–	–	38.000	1,30	49.400,00
							200.000	1,35	270.000,00
Venda 125.000	–	–	–	38.000	1,30	49.400,00			
				87.000	1,35	117.450,00	113.000	1,35	152.550,00
Compra 40.000	40.000	1,40	56.000,00	–	–	–	113.000	1,35	152.550,00
							40.000	1,40	56.000,00
CMV	597.450,00								
EF	208.550,00								

2 – Ueps

Ueps	Entradas			Saídas			Saldo		
	Quant.	Preço unit. (R$)	Total (R$)	Quant.	Preço unit. (R$)	Total (R$)	Quant.	Preço unit. (R$)	Total (R$)
Saldo inicial	100.000	1,00	100.000,00	–	–	–	100.000	1,00	100.000,00
Compra 200.000	200.000	1,25	250.000,00	–	–	–	100.000	1,00	100.000,00
							200.000	1,25	250.000,00
Venda 125.000	–	–	–	125.000	1,25	156.250,00	100.000	1,00	100.000,00
							75.000	1,25	93.750,00
Compra 100.000	100.000	1,30	130.000,00	–	–	–	100.000	1,00	100.000,00
							75.000	1,25	93.750,00
							100.000	1,30	130.000,00
Venda 237.000	–	–	–	100.000	1,30	130.000,00			
				75.000	1,25	93.750,00			
				62.000	1,00	62.000,00	38.000	1,00	38.000,00
Compra 200.000	200.000	1,35	270.000,00	–	–	–	38.000	1,00	38.000,00
							200.000	1,35	270.000,00
Venda 125.000	–	–	–	125.000	1,35	168.750,00	38.000	1,00	38.000,00
							75.000	1,35	101.250,00
Compra 40.000	40.000	1,40	56.000,00	–	–	–	38.000	1,00	38.000,00
							40.000	1,40	56.000,00
CMV	610.750,00								
EF	195.250,00								

3 – MPM ou CMPM

CMPM	Entradas			Saídas			Saldo		
	Quant.	Preço unit. (R$)	Total (R$)	Quant.	Preço unit. (R$)	Total (R$)	Quant.	Preço unit. (R$)	Total (R$)
Saldo inicial	100.000	1,00	100.000,00	–	–	–	100.000	1,00	100.000,00
Compra 200.000	200.000	1,25	250.000,00	–	–	–	300.000	1,17	350.000,00
Venda 125.000	–	–	–	125.000	1,17	145.833,33	175.000	1,17	204.166,67
Compra 100.000	100.000	1,30	130.000,00	–	–	–	275.000	1,22	334.166,67
Venda 237.000	–	–	–	237.000	1,22	287.990,91	38.000	1,22	46.175,76
Compra 200.000	200.000	1,35	270.000,00	–	–	–	238.000	1,33	316.175,76
Venda 125.000	–	–	–	125.000	1,33	166.058,70	113.000	1,33	150.117,06
Compra 40.000	40.000	1,40	56.000,00	–	–	–	153.000	1,35	206.117,06
CMV	599.882,94								
EF	206.117,06								

QUESTÕES DE CONCURSO

Terminologia aplicada à contabilidade de custos

Exercício 1

(Contador Júnior/Petrobras/2008/Cesgranrio) A Indústria Real tem uma linha de produção de três modelos de um de seus produtos, em que são consumidos R$ 900.000,00 de custos fixos. A linha de produção apresentou a seguinte informação do período produtivo:

Modelos do produto	Produção (unidades)	Matéria-prima por unidade	Mão de obra direta por unidade
Pequeno	15.000	R$ 25,00	R$ 12,00
Médio	25.000	R$ 27,00	R$ 16,00
Grande	10.000	R$ 28,00	R$ 22,00

Sabendo-se que a Indústria Real procede ao rateio dos custos fixos pelo custo total de mão de obra direta, o valor dos custos fixos totais, alocado ao modelo grande, em reais, é:

a. 180.000,00
b. 247.500,00
c. 315.000,00
d. 342.000,00
e. 396.000,00

Resolução

Cálculo do custo total da mão de obra direta
Modelo pequeno: 15.000 × 12 = 180.000
Modelo médio: 25.000 × 16 = 400.000
Modelo grande: 10.000 × 22 = 220.000
Total da base de rateio = 800.000
Custos fixos totais = 90.000

Logo: 900.000/800.000 = 1,125 (coeficiente de rateio).
Aplicando a cada um dos modelos:

Modelo pequeno: 1,125 × 180.000 = 202.500,00
Modelo médio: 1,125 × 400.000 = 450.000,00
Modelo grande: 1,125 × 220.000 = 247.500,00

Gabarito: b.

Exercício 2

(Técnico de Contabilidade/Petrobras/2011/Cesgranrio) Considere os seguintes itens de custos de uma indústria de pequeno porte (em reais, R$):
Aluguel da fábrica: 3.000,00.

Consumo de água da fábrica: 500,00.
Depreciação das máquinas (método linear): 2.000,00.
Energia elétrica da fábrica: 1.500,00.
Imposto predial: 700,00.
Manutenção de máquinas e equipamentos: 1.000,00.
Materiais auxiliares (lixas, solventes, serras etc.): 100,00.
Materiais secundários de fácil identificação com cada produto: 1.000,00.
Materiais secundários de pequeno valor (difícil identificação com cada produto): 900,00.
Material de limpeza usado na fábrica: 300,00.
Matéria-prima: 20.000,00.
Salários e encargos da chefia da fábrica: 8.000,00.
Salários e encargos da segurança da fábrica: 2.000,00.
Salários e encargos do pessoal da fábrica: 9.000,00.

O somatório dos custos diretos e o somatório dos custos indiretos são, respectivamente:

a. R$ 29.000,00 e R$ 21.000,00
b. R$ 30.000,00 e R$ 20.000,00
c. R$ 30.900,00 e R$ 19.100,00
d. R$ 32.000,00 e R$ 18.000,00
e. R$ 38.000,00 e R$ 12.000,00

Resolução

Custos diretos: matéria-prima, salários e encargos do pessoal da fábrica, e materiais secundários de difícil identificação. Total: 30.000.

Custos indiretos: aluguel da fábrica, consumo de água na fábrica, depreciação das máquinas, energia elétrica da fábrica, imposto predial, manutenção de máquinas e equipamentos, materiais auxiliares, materiais secundários de pequeno valor, material de limpeza usado na fábrica, salários e encargos da chefia da fábrica, salários e encargos da segurança da fábrica. Total: 20.000.

Gabarito: b.

Exercício 3

(Técnico Contabilidade/Petrobras/2011/Cesgranrio) Em relação aos níveis de produção, os custos podem ser classificados em:

a. Por absorção e variável
b. Diretos e indiretos
c. Fixos e por absorção
d. Fixos, variáveis e mistos
e. Fixos, variáveis, diretos e indiretos

Resolução

Quanto ao produto, o custo pode ser direto ou indireto.
Quanto à produção, ele pode ser fixo, variável ou misto.
Gabarito: d.

Exercício 4

(Telebrás – Especialista em gestão de telecomunicações – Contador 2013 – Cespe) Julgue o item a seguir, acerca dos sistemas de custos e informações gerenciais para tomada de decisão. (Verdadeiro ou falso)
( ) A depreciação de uma máquina que é utilizada na produção de vários tipos de produtos deve ser classificada como custo direto de fabricação.

Resolução

Depreciação de equipamento – quando o equipamento é utilizado para produzir apenas um tipo de produto, classifica-se como *custo direto*.
A depreciação de equipamentos utilizados para mais de um tipo de produto classifica-se como *custo indireto*.
Gabarito: falso.

Exercício 5

(Contador Júnior/Petrobras/2011/Cesgranrio) Em uma aula de contabilidade, na qual o professor discorria corretamente sobre classificação de custos, houve a explicação de que somente representam custos diretos os seguintes itens:

a. Energia elétrica, mão de obra direta e aluguel do prédio
b. Matéria-prima, mão de obra direta e embalagens
c. Mão de obra direta, depreciação de equipamentos e material consumido
d. Manutenção, salários de supervisão e materiais diretos
e. Salários da fábrica, embalagens e seguros da fábrica

Resolução

Gabarito: b.

Exercício 6

(Profissional Júnior/Petrobras/2015/Cesgranrio) Na nomenclatura de contabilidade de custos, uma das classificações, que leva em conta a relação entre o valor total de um custo e o volume de atividade em uma unidade de tempo, segrega os custos e as despesas em fixos ou variáveis. Considerando-se os conceitos de custos e despesas fixas e variáveis, um exemplo de custo variável é:

a. Aluguel
b. Conta telefônica da fábrica
c. Mão de obra indireta
d. Material direto
e. Propaganda

Resolução

Vejamos cada uma das questões:

Aluguel – se for do setor administrativo, é despesa; se for do setor produtivo (fábrica), é custo. É fixo, pois não depende da quantidade produzida.

Conta telefônica da fábrica – é custo (fábrica) fixo indireto, pois não depende da quantidade produzida.

Mão de obra indireta – é custo (produção) fixo indireto, geralmente alocado aos produtos utilizando critérios de rateio.

Material direto – custo (utilizado na fabricação) variável: é variável no valor total, mas fica fixo no custo unitário.

Propaganda – é despesa fixa, pois não depende da quantidade produzida.
Gabarito: d.

Exercício 7

(Administrador Júnior/Petrobras/2014/Cesgranrio) A indústria K, que adota o método de custeio por absorção no custeio de seus produtos, anotou a realização dos seguintes gastos, num determinado período de tempo, do seu processo produtivo:

Comissão dos vendedores	1.000,00	Salários dos operários (fábrica)	12.000,00
Compra de matéria-prima	20.000,00	Salário dos vendedores	3.500,00
Energia elétrica da fábrica	2.000,00	Frete da matéria-prima	4.500,00
Honorários da diretoria	8.000,00	Frete das vendas	5.500,00

Considerando somente os gastos apresentados pela indústria K para o período produtivo informado e os fundamentos técnico-conceituais da contabilidade de custos, relativos à terminologia dos gastos, o total desses gastos classificados como custo de produção é:

a. 14.000,00
b. 19.500,00
c. 38.500,00
d. 44.0000,00
e. 45.0000,00

Resolução

Custo primário
É a soma de matéria-prima com mão de obra direta:
CP = MP + MOD

Custos de transformação ou produção:
CT = MOD + CIF
CP = 12.000 + 2.000 = 14.000,00

Gabarito: a.

Exercício 8

(Contador Júnior/Petrobras/2014/Cesgranrio) No desenvolvimento normal das atividades operacionais de uma empresa industrial, um bem ou serviço direta ou indiretamente consumido para a obtenção de uma receita deve ser enquadrado como:

a. Custo
b. Despesa
c. Gasto
d. Investimento
e. Perda

Resolução

O custo corresponde ao gasto com bens ou serviços que serão utilizados na produção de outros bens ou serviços.

As *despesas* são gastos com bens ou serviços não utilizados nas atividades produtivas e consumidos com a finalidade de obtenção de receitas.

Gabarito: b.

Exercício 9

(Contador Júnior/Petrobras/2014/Cesgranrio) Um custo é classificado como indireto quando na sua alocação se faz necessário utilizar qualquer fator de rateio ou estimativa. Destaca-se como um custo indireto a(o):

a. Comissão dos vendedores
b. Matéria-prima
c. Supervisão da fábrica
d. Frete de vendas
e. Imposto predial do escritório

Resolução

Vejamos cada um dos itens.
Matéria-prima: custo direto.
Frete de vendas: despesa.

IPTU: despesa.
Comissão de vendedores: despesa.
Supervisão da fábrica: *custos indiretos.*
Gabarito: c.

Exercício 10

(Técnico de Comercialização e Logística Júnior Petrobras/2014/Cesgranrio) Os gastos de uma empresa industrial, em agosto de 2012, são apresentados, em reais, no quadro a seguir:

Comissão dos vendedores	7.500,00
Correios	350,00
Honorários de diretores	15.000,00
Material de escritório	120,00
Matéria-prima consumida	11.000,00
Salário da administração	5.200,00
Salários da fábrica	25.000,00

Tais gastos representam, em reais, os totais de despesa e de custo correspondentes, respectivamente, a:

a. 20.320,00 e 48.850,00
b. 20.670,00 e 43.500,00
c. 28.170,00 e 36.000,00
d. 36.000,00 e 28.170,00
e. 43.500,00 e 20.670,00

Resolução

Despesas
Comissão dos vendedores: 7.500,00.
Correios: 350,00.
Honorários de diretores: 15.000,00.
Material de escritório: 120,00.
Salários da administração: 5.200,00.
Total: 28.170,00.

Custos
Matéria-prima consumida: 11.000,00.
Salários da fábrica: 25.000,00.
Total: 36.000,00.
Gabarito: c.

Exercício 11

(Técnico de Comercialização e Logística Júnior Petrobras/2014/Cesgranrio) A terminologia de gasto que diz respeito a bem ou serviço utilizado na produção de outros bens ou serviços, como a mão de obra, denomina-se:

a. Perda
b. Despesa
c. Consumo
d. Custo
e. Desembolso

Resolução

Custo é um gasto relativo a bem ou serviço utilizado na produção de outros bens ou serviços.
Gabarito: d.

Exercício 12

(Técnico de Contabilidade/Petrobras/2010/Cesgranrio) Dados extraídos da contabilidade de custos da Indústria Pacífico Ltda., em junho de 2009:

Itens	R$
Inventário inicial de matéria-prima	7.500,00
Compra de matéria-prima a prazo	43.200,00
Mão de obra direta apontada	25.500,00
Mão de obra indireta	35.000,00
Luz e força da fábrica	10.500,00
Materiais diversos da fábrica	2.550,00
Seguro da fábrica	1.850,00

(continua)

(Continuação)

Itens	R$
Depreciação das máquinas	12.650,00
Inventário inicial de produtos em processo	8.450,00
Inventário inicial de produtos acabados	7.200,00
Inventário final de matéria-prima	8.300,00

Sabendo-se que os demais inventários tiveram saldo nulo e considerando-se apenas as informações acima, o valor do custo da produção (custo fabril) do período, em reais, foi de:

a. 146.100,00
b. 138.900,00
c. 138.750,00
d. 137.650,00
e. 130.450,00

Resolução

CPP = MP + MOD + CIF

MP = R$ 7.500,00 (estoque inicial) + R$ 43.200,00 (compras) − R$ 8.300,00 (estoque final) = R$ 42.400,00

MOD = R$ 25.500,00

CIF = R$ 35.000,00 (mão de obra indireta) + R$ 10.500,00 (luz e força da fábrica) + R$ 2.550,00 (materiais diversos da fábrica) + R$ 1.850,00 (seguro da fábrica) + R$ 12.650,00 (depreciação das máquinas) = R$ 62.550,00

Portanto:

CPP = R$ 42.400,00 (MP) + R$ 25.500,00 (MOD) + R$ 62.550,00 (CIF) = R$ 130.450,00

Gabarito: e.

Exercício 13

(Téc. Contab. Júnior Petrobras/Cesgranrio/2010) As perdas normais que ocorrem no processo de fabricação:

a. Devem ser contabilizadas como prejuízo do período
b. Devem ser contabilizadas como despesas operacionais

c. Devem ser ignoradas
d. Fazem parte do custo do produto
e. Só são contabilizadas como prejuízo do período se ultrapassarem 50% do custo dos materiais

Resolução

Perdas normais oriundas do processo de fabricação fazem parte do custo do produto.
Gabarito: d.

Exercício 14

(Contador Júnior/Petrobras/2010/Cesgranrio) Dados extraídos da contabilidade de custos da Indústria Plastitil Ltda., com valores em reais.

Aluguel da fábrica: 23.000,00.
Depreciação de máquinas: 75.000,00.
Mão de obra direta: 215.000,00.
Mão de obra indireta: 389.000,00.
Matéria-prima: 230.000,00.
Materiais de consumo: 10.000,00.
Salários de supervisão: 435.000,00.

Com base apenas nos dados acima e considerando a classificação dos custos em diretos e indiretos, o total dos custos diretos, em reais, é:

a. 445.000,00
b. 455.000,00
c. 468.000,00
d. 844.000,00
e. 890.000,00

Resolução

Custos diretos são apropriados "diretamente" aos produtos fabricados, sendo: mão de obra direta + matéria-prima = 445.000.
Gabarito: a.

Exercício 15

(FCC/Analista Judiciário – Contabilidade/2009/TJ-PA) A cooperativa dos produtores rurais do município Avante produz e vende sacos de 50 kg de milho. De acordo com estimativas do setor produtivo, somente 98% dos grãos são aproveitados no processo de ensacamento. O contador de custos da cooperativa deve considerar os 2% normalmente desperdiçados durante a produção como:

a. Despesas
b. Custos
c. Perdas
d. Receitas
e. Investimentos

Resolução

É muito comum 2% de desperdício. Perdas são consumos anormais e involuntários de bens ou serviços.
Gabarito: b.

Exercício 16

(Liquigás Distribuidora S.A./2007/INEC) Os itens de produção que nascem de forma normal durante o processo produtivo, porém não têm mercado definido e cuja venda é aleatória são denominados:

a. Perdas produtivas
b. Subprodutos
c. Sucatas
d. Coprodutos
e. Perdas improdutivas

Resolução

As sucatas não têm mercado definido e sua venda é aleatória.
Gabarito: c.

Tipos de custeio

Exercício 17

(CFC – Técnico Contabilidade/2012) Em fevereiro de 2012, o estoque inicial de determinada matéria-prima numa indústria era de R$ 82.500,00. Durante o mês, foram adquiridos R$ 1.950.000,00 dessa matéria-prima. No final do mês, o estoque era de R$ 340.000,00. Nessa operação, foram desconsideradas as operações com impostos.

O custo da matéria-prima consumida nesse período é de:

a. R$ 1.527.500,00
b. R$ 1.692.500,00
c. R$ 2.207.500,00
d. R$ 2.372.500,00

Resolução

EIMP = 82.500
CL = 1.950.000
EFMP = 340.000
MP = EIMP + CL − IFMP
MP = 82.500 + 1950.000 − 340.000
MP = 1.692.500
EIMP = estoque inicial de matéria-prima
CL = compras líquidas
EFMP = estoque final de matéria-prima
MP = matéria-prima
Gabarito: b.

Exercício 18

(Analista Judiciário/Contabilidade/2011/FCC/TRE – RN) A Cia. Campos Verdes apresentou os seguintes dados no mês de setembro de 2010, em reais:

Consumo de materiais diretos	100.000,00
Mão de obra direta	80.000,00
Estoque inicial de produtos em elaboração	60.000,00
Custo dos produtos vendidos	470.000,00
Custos indiretos de fabricação	240.000,00
Estoque inicial de produtos acabados	110.000,00
Estoque final de produtos em elaboração	70.000,00

Calcule o custo da produção acabada e o estoque final de produtos acabados nesse mês.

Resolução

Custo da produção acabada (CPA) e estoque final de produtos acabados (EFPA):

1. CPP = MD + MOD + CIF = 100.000 + 80.000 + 240.000 = 420.000.
   CPA = Eipe + CPP − EFPE = 60.000 + 420.000 − 70.000 → CPA = 410.000

2. CPV = Eipa + CPA − EFPA → 470.000 = 110.000 + 410.000 − EFPA → EFPA = 50.000

Exercício 19

(Profissional Júnior/Petrobras/2015/Cesgranrio) Na produção de determinado balde plástico, uma indústria fez as seguintes anotações, em reais, referentes à sua produção:

Matéria-prima consumida	20.000,00
Mão de obra dos operários especialistas	10.0000,00
Supervisor dos operários especialistas	3.000,00
Outros custos indiretos de fabricação	6.000,00

Considerando-se exclusivamente as anotações feitas pela indústria e o comportamento técnico-conceitual dos custos, verifica-se que o custo de transformação do balde, em reais, é:

a. 19.000,00
b. 30.000,00
c. 33.000,00
d. 36.000,00
e. 39.000,00

Resolução

Custo de transformação = MOD + CIF
MOD = 10.000
CIF = 3.000 + 6.000
Custos de transformação = 19.000
Gabarito: a.

Exercício 20

(Contador Júnior/Petrobras/2006/Cesgranrio) A Cia. Progresso S.A., durante o período de planejamento orçamentário para o exercício de 2006, recolheu as seguintes informações do exercício de 2005 para poder projetar o custo total de mão de obra:

- Total de horas-máquina utilizadas: 60.000 hm.
- Custo total de mão de obra para 60.000 hm: R$ 250.000,00.
- Parte fixa do custo de mão de obra: R$ 40.000,00.

Considerando que uma das premissas do orçamento é o aumento de vendas, e consequentemente de produção, a empresa passará a consumir 80.000 horas-máquina.

Com base nos dados apresentados, pode-se afirmar que o custo total, em reais, de mão de obra para 80.000 horas-máquina será de:

a. 260.000,00
b. 280.000,00
c. 290.000,00
d. 320.000,00
e. 350.000,00

Resolução

Cálculo do custo total para 60.000 hm

O custo total considera o custo fixo + o custo variável.

Sendo o custo total de 250.000,00 e o custo fixo de 40.000,00, o custo variável será de 210.000,00.

O custo variável por hora-máquina será de 210.000/60.000 = 3,50.

Cálculo do custo total para 80.000 hm

O custo fixo total tem característica fixa. Não há mudança, o valor permanece em 40.000,00.

O custo variável unitário varia. Logo, o custo variável para 80.000 hm será de 3,50 × 80.000 = R$ 280.000,00.

Custo total = 40.000 (custo fixo) + 280.000 (custo variável) = 320.000,00.

Gabarito: d.

Exercício 21

(Técnico em Contabilidade/2012/CFC) Observe os dados a seguir de uma empresa industrial:

Itens	Valor
Estoque inicial de matéria-prima	R$ 300.000,00
Estoque final de matéria-prima	R$ 360.000,00
Estoque inicial de produtos em elaboração	R$ 0,00
Estoque final de produtos em elaboração	R$ 0,00
Estoque inicial de produtos acabados	R$ 160.000,00
Estoque final de produtos acabados	R$ 1.200.000,00
Custo dos produtos vendidos	R$ 320.000,00
Custo da mão de obra direta	R$ 400.000,00
Custos indiretos de fabricação	R$ 360.000,00
Produção do mês	32 unidades

Com base nos dados acima, calcule o custo unitário de produção do período e o custo de aquisição da matéria-prima no mês e, em seguida, assinale a opção *correta*.

a. R$ 10.000,00 e R$ 600.000,00
b. R$ 10.000,00 e R$ 660.000,00
c. R$ 42.500,00 e R$ 600.000,00
d. R$ 42.500,00 e R$ 660.000,00

Resolução

Custo de aquisição de matéria-prima ou compras
MP = EI + compras líquidas − EF
    300.000 + C − 360.000 = C − 60.000
MP = matéria-prima; EI = estoque inicial; EF = estoque final
CPP = custos diretos (inclusive a MP) + indiretos
    400.000 + (C − 60.000) + 360.00 = C + 700.000
CPP = custo da produção do período
CPA = Eipe + CPP − EFPE = C + 700.000
CPA = custo da produção acabada; Eipe = estoque inicial de produtos em processo; EFPE = estoque final de produto em processo
CPV = Eipa + CPA − EFPA
CPV = custo dos produtos vendidos
    320.000 = 160.000 + (C + 700.000) − 1.200.000
C = 660.000
C = custo

Custo unitário:
CPP = 700.000 + 660.000 = 1.360.000
1.360.000/32 unidades = 42.500.000
Gabarito: d.

Exercício 22

(Técnico de Contabilidade/Transpetro/2011/Cesgranrio) Dados extraídos dos controles de custos de uma indústria em janeiro de 2011:

Itens	Valores em R$
Inventário inicial de matéria-prima	8.100,00
Mão de obra direta	24.000,00
Inventário final de matéria-prima	7.200,00
Mão de obra indireta	25.000,00
Luz e força da fábrica	8.500,00
Materiais diversos da fábrica	1.500,00
Inventário final de produtos em processo	7.400,00
Seguro da fábrica	1.300,00
Depreciação das máquinas da fábrica	9.200,00
Compra de matéria-prima	35.300,00
Inventário final de produtos acabados	6.700,00
Inventário inicial de produtos em processo	6.500,00
Inventário inicial de produtos acabados	9.200,00

Considerando exclusivamente as informações acima e desconsiderando a incidência de impostos, o custo dos produtos vendidos no período, em reais, foi de:

a. 107.300,00
b. 106.900,00
c. 105.800,00
d. 104.700,00
e. 104.500,00

Resolução

Custos indiretos de fabricação (CIF) = mão de obra indireta (R$ 25.000) + luz e força (R$ 8.500) + materiais indiretos (R$ 1.500) + seguro (R$ 1.300) + depreciação (R$ 9.200) = R$ 45.500

Custo da matéria-prima (MP): EIMP + Compras − EFMP =
R$ 8.100 + R$ 35.300 − R$ 7.200 = R$ 36.200

EIMP = estoque inicial de matéria-prima; EFMP = estoque final de matéria-prima

Mão de obra direta (MOD) = R$ 24.000.

Custo de produção do período (CPP) = MOD + MP + CIF =
24.000 + 36.000 + 45.500 = R$ 105.700

Custo de produção acabada (CPA) = EIPP + CPP − EFPP =

6.500 + 105.700 − 7.400 = R$ 104.800
Custo do produto vendido (CPV) = Eipa + CPA − EFPA =
9.200 + 104.800 − 6.700 = R$ 107.300
Gabarito: a.

Exercício 23

(Analista de Gestão Corporativa/Contabilidade/Empresa de Pesquisa Energética/2010/Cesgranrio) Sobre a classificação dos sistemas de custeio, analise as afirmativas a seguir:

I − Por custo-padrão, entendem-se os custos calculados e contabilizados com critérios por indicação dos custos de fabricação, incorridos em determinado mês.

II − O denominado sistema Activity-Based Costing (ABC) adota os critérios de rateio dos custos indiretos.

III − O método de custeio por absorção agrega todos os custos de produção do período aos produtos elaborados.

IV − O sistema de custeio variável ou direto conflita com os princípios, as normas e convenções contábeis por ferir os princípios da realização da receita, confrontação e competência.

Estão corretas *apenas* as afirmativas:

a. I e II
b. I e IV
c. III e IV
d. I, II, III
e. II, III e IV

Resolução

I) Afirmativa incorreta. No custo-padrão são apropriados por uma estimativa do que deveriam ser.
II) Afirmativa correta.
III) Afirmativa correta.
IV) Afirmativa correta.
Gabarito: e.

Exercício 24

(Analista Judiciário/TER-RN/2011/FCC) A Cia. Campos Verdes apresentou os seguintes dados no mês de setembro de 2010, em reais:

Consumo de materiais diretos	100.000,00
Mão de obra direta	80.000,00
Estoque inicial de produtos em elaboração	60.000,00
Custo dos produtos vendidos	470.000,00
Custos indiretos de fabricação	240.000,00
Estoque inicial de produtos acabados	110.000,00
Estoque final de produtos em elaboração	70.000,00

Calcule o custo da produção acabada e o estoque final de produtos acabados nesse mês.

a. 410.000,00 e 50.000,00
b. 420.000,00 e 40.000,00
c. 480.000,00 e 50.000,00
d. 410.000,00 e 40.000,00
e. 420.000,00 e 60.000,000

Resolução

1. CPP = MD + MOD + CIF = 100.000 + 80.000 + 240.000 = 420.000
   CPA = Eipe + CPP − Efpe = 60.000 + 420.000 − 70.000 → CPA = 410.000
2. CPV = Eipa + CPA − EFPA → 470.000 = 110.000 + 410.000 − EFPA → EFPA = 50.000
   Gabarito: a.

Exercício 25

(Técnico de Contabilidade Júnior/Petrobras Biocombustível/2010/Cesgranrio) A Indústria Xingu Ltda. produziu 50.000 unidades do produto X em setembro de 2009. No mesmo período, incorreu nos seguintes custos:

Matéria-prima: R$ 156.000,00.

Mão de obra direta: R$ 112.000,00.
Outros custos diretos: R$ 50.000,00.
Custos fixos do mês: R$ 285.000,00.

Sabendo-se que as vendas do mês montaram a 48.150 unidades do produto X, o saldo da conta "produtos acabados" da Indústria Xingu, em reais, pelo critério do custeio variável, em setembro de 2009, foi de:

a. 22.311,00
b. 18.000,00
c. 11.868,00
d. 11.766,00
e. 10.545,00

Resolução

Ao final do mês, o estoque final foi de 1.850 (50.000 − 48.150).

156.000 (matéria-prima) + 112.000 (mão de obra direta) + 50.000 (outros custos diretos) = 318.000

1.850/50.000 × 318.000 = 11.766

Gabarito: d.

Exercício 26

(Técnico de Contabilidade Júnior/Petrobras Biocombustível/2010/Cesgranrio) A Indústria Cantareira Ltda., que trabalha com o custeio por absorção, apresentou, em agosto de 2009, os seguintes dados de sua produção:

Produtos	Matéria-prima	Mão de obra direta	Outros custos diretos
X	12.500,00	11.900,00	1.050,00
Y	18.700,00	12.100,00	1.100,00
Z	21.100,00	12.450,00	1.250,00

Os custos indiretos a ratear totalizaram R$ 209.200,00, sendo que o rateio é feito com base no custo de matéria-prima. A empresa fabrica 5.000 unidades de cada produto, mas vende as seguintes quantidades, em média: produto X = 4.850 unidades; produto Y = 4.900 unidades; produto Z = 4.750 unidades.

Considerando-se exclusivamente os dados acima, o custo dos produtos vendidos do produto X, em agosto de 2009, em reais, é:

a. 73.186,50
b. 75.450,00
c. 84.403,50
d. 104.566,00
e. 113.240,00

Resolução

Custo da matéria-prima = 12.500 (produto X) + 18.700 (produto Y) + 21.100 (produto Z) = 52.300 (total)

O produto X gastou 12.500 de matéria-prima de um total de 52.300, representando 0,239%.
0,239 × R$ 209.200 = R$ 50.000

Custo de produção para o produto X
R$ 12.500 (matéria-prima) + R$ 11.900 (mão de obra direta) + R$ 1.050 (outros custos diretos) + R$ 50.000 (custo indireto atribuído) = R$ 75.450
CPV X = 4.850 (unidades vendidas)/5.000 (unidades produzidas)
4.850/5.000 × R$ 75.450 = R$ 73.186,50
Gabarito: a.

ABC

Exercício 27

(Profissional Júnior/Petrobras/2015/Cesgranrio) De acordo com o enfoque técnico-conceitual da contabilidade de custos, o método de custeamento baseado em atividades (ABC) tem sua sustentação no seguinte conceito:

a. Na alocação de custos não há débito sem crédito de igual valor
b. Produtos consomem atividades e atividades consomem recursos
c. Recursos incorridos são alocados diretamente aos produtos
d. Departamentos consomem custos e produtos acolhem recursos
e. Atividades são direcionadores dos departamentos produtivos

Resolução

Custeio baseado em atividades (ABC) – produtos consomem atividades, e atividades consomem recursos.
Gabarito: b.

Exercício 28

(Contador Júnior/Petrobras/2012/Cesgranrio) A Cia. Industrial Ferrogeral Ltda. aplica na fábrica o sistema de custeio por departamentalização. Os R$ 96.000,00 referentes ao custo de manutenção são rateados entre os departamentos de produção com base nas horas trabalhadas por cada departamento na seguinte ordem:

Departamento de solda: 340 horas.
Departamento de cromagem: 250 horas.
Departamento de polimento: 400 horas.

Com base exclusivamente nos dados acima, após o rateamento os custos de manutenção para o departamento de cromagem montam, em reais, a:

a. 100.000,00
b. 116.470,00
c. 136.000,00
d. 158.400,00
e. 160.000,00

Resolução

Total de horas = 340 (departamento de solda) + 250 (departamento de cromagem) + 400 (departamento de polimento) = 990 horas
(250 [cromagem]/990 [total]) × R$ 396.000,00 = R$ 100.000,00
Gabarito: a.

Exercício 29

(Contador Júnior/Petrobras/2011/Cesgranrio) A finalidade primordial para a qual se utiliza o custeio ABC – Activity-Based Costing (custeio baseado em atividades) – refere-se à(ao):

a. Alocação da mão de obra aos produtos
b. Identificação dos processos relevantes
c. Rastreamento dos custos diretos às atividades
d. Tratamento dado aos custos indiretos
e. Rateio dos custos fixos aos departamentos

Resolução

A finalidade primordial para a qual se utiliza o custeio ABC é reduzir as distorções provocadas por critérios de rateio dos custos indiretos.
Gabarito: d.

Exercício 30

(Contador Júnior/Petrobras/2010/Cesgranrio) Um dos aspectos mais importantes na aplicação do custeio ABC (custeio baseado em atividades) é a identificação e seleção dos direcionadores de custos. Desse modo, é relevante saber que direcionador de custo é:

a. Critério de rateio usado para atribuir um custo fixo a um produto
b. Fator que determina o custo de uma atividade
c. Indicador da relação custo/benefício no levantamento do custeio ABC
d. Ferramenta utilizada para se atribuir um custo direto a um produto
e. Forma como se pode ratear um custo fixo a um departamento ou atividade

Resolução

O direcionador de custos é o fator que determina o custo de uma atividade.
Gabarito: b.

Exercício 31

(Contador Júnior/Petrobras/Biocombustível/2010/Cesgranrio) A principal diferença entre o critério de custeio ABC (Activity-Based Costing) e o modelo de departamentalização (custeio por absorção) é que:

a. Os custos fixos são atribuídos, no custeio ABC, aos produtos por meio de rateio recíproco, enquanto a departamentalização usa o rateio assimétrico

b. Os custos e despesas são atribuídos, no custeio ABC, aos produtos por meio dos custos das atividades, enquanto, na departamentalização, os custos e despesas são atribuídos por meio de direcionadores de tarefas
c. O custeio ABC somente deve ser aplicado em empresas não industriais, devido ao fato de somar custos e despesas, enquanto a departamentalização é utilizada exclusivamente em empresas industriais
d. O custeio ABC pode ser utilizado apenas em conjunto com a reengenharia de processos, pois a departamentalização usa exclusivamente o rateio linear misto
e. A departamentalização tem uma visão verticalizada, enquanto o custeio ABC tem uma abordagem horizontal por ser interdepartamental

Resolução

Gabarito: e.

Exercício 32

(Contador Júnior Petrobras/2010/Cesgranrio) Um dos aspectos mais importantes na aplicação do custeio ABC (custeio baseado em atividades) é a identificação e seleção dos direcionadores de custos. Desse modo, é relevante saber que direcionador de custo é o(a):

a. Critério de rateio usado para atribuir um custo fixo a um produto
b. Fator que determina o custo de uma atividade
c. Indicador da relação custo/benefício no levantamento do custeio ABC
d. Ferramenta utilizada para se atribuir um custo direto a um produto
e. Forma como se pode ratear um custo fixo a um departamento ou atividade

Resolução

O direcionador de custos é o fator que determina o custo de uma atividade. Gabarito: b.

Exercício 33

(Analista Judiciário/TJ-PA/2009/FCC) No método de custeio baseado em atividades, ou Activity-Based Costing (ABC), a atribuição de custos para as atividades por meio de rastreamento é feita com base:

a. Em critérios subjetivos de rateio
b. Em medidas objetivas de consumo de recursos pelas atividades
c. Na proporção do valor dos custos variáveis e diretos
d. No volume de produção de cada atividade
e. Nos direcionadores de custos de recursos

Resolução

Direcionadores de recursos (primeiro estágio) identificam como as atividades consomem recursos e servem para custear as atividades.

Direcionadores de atividade (segundo estágio) identificam a maneira como os produtos consomem atividades e servem para custear produtos.

Gabarito: e.

QUESTÕES DO ENADE

Questão 1

(Ciências Contábeis/2012)[ABC] As categorias de custos existentes para o custeio da atividade de atendimento ao contribuinte em uma prefeitura são energia, depreciação de computadores, folha de pagamento e custos diversos, de acordo com a tabela a seguir.

Categorias	Direcionadores	Total no mês	Valor total R$	Consumo na atividade por pessoa atendida
Energia	kW	100 kW	200,00	0,5 kW
Depreciação de computadores	Atendimentos	880 pessoas	880,00	1 atendimento
Folha de pagamento	Minuto	10.000 minutos	1.800,00	5 minutos
Custos diversos	Atendimentos	880 pessoas	1.760,00	1 atendimento

Com base na tabela, o valor do custo por pessoa para a atividade atendimento da prefeitura é de:

a. R$ 6,90
b. R$ 4,90
c. R$ 5,90
d. R$ 3,90
e. R$ 2,90

Resolução

Essa questão aborda o sistema de custeio baseado em atividades (ABC); assim, precisamos verificar os custos de cada categoria e também o direcionador de custo de cada categoria para depois alocar ao objeto de custeio, que nesse caso é a atividade de atendimento da prefeitura. Assim, temos:

Energia: R$ 200,00/100 kW = R$ 2,00 por kW.
Depreciação de computadores: R$ 880,00/880 pessoas = R$ 1,00 por pessoa.
Folha de pagamento: R$ 1.800,00/10.000 minutos = R$ 0,18 por minuto.
Custos diversos: R$ 1.760,00/880 pessoas = R$ 2,00 por pessoa.

Uma vez que os custos já estão alocados nas unidades, precisamos verificar quanto a atividade de atendimento consome de cada categoria. Fazendo isso, teremos o custo unitário de atender uma pessoa na prefeitura, assim:

Energia consumida por atendimento: 0,5 kW × R$ 2,00 = R$ 1,00.
Depreciação de computadores: 1 atendimento × R$ 1,00 por pessoa = R$ 1,00.
Folha de pagamento: R$ 0,18 por minuto × 5 minutos = R$ 0,90.
Custos diversos: 1 atendimento × R$ 2,00 por pessoa = R$ 2,00.

Somando todos os custos unitários, temos R$ 4,90 (1,00 + 1,00 + 0,90 + 2,00). Resposta: R$ 4,90.
Gabarito: b.

Questão 2

(Ciências Contábeis/2012)[Absorção] A Indústria Metalúrgica Sem Fronteiras S.A. fabrica 10.000 unidades mensais de determinada peça, cujo custo está discriminado na tabela a seguir.

Custos	10.000 peças	Unitário
Materiais	R$ 50.000	R$ 5
Mão de obra direta	R$ 30.000	R$ 3
Custos indiretos variáveis	R$ 20.000	R$ 2
Custos fixos	R$ 100.000	R$ 10
Custo total	R$ 200.000	R$ 20

Essa empresa recebe uma proposta de comprar a peça diretamente de um fornecedor por R$ 11 cada; porém, nesse caso, incorreria nos seguintes custos adicionais:

- Frete de R$ 2 por unidade.
- Mão de obra indireta adicional para recepção, inspeção e manuseio das peças, de R$ 20.000 mensais.

Se parar de fabricar a peça, a empresa não conseguirá eliminar todos os custos atuais relacionados à fabricação do produto, restando, ainda, 40% dos custos fixos.

Caso a empresa deixe de fabricar a peça e passe a comprá-la do fornecedor, seu custo unitário será de:

a. R$ 19
b. R$ 21
c. R$ 23
d. R$ 25
e. R$ 27

Resolução

Aqui se está verificando a opção de terceirizar a produção, logo alguns custos serão suprimidos e outros acrescidos. Assim:

Quantidade de peças: 10.000 unidades.

Novo custo unitário da peça terceirizada: R$ 11,00 × 10.000 = custo total de R$ 110.000,00.

Custos unitários com o frete: R$ 2,00 × 10.000 = custo total de R$ 20.000,00.

Custos totais com mão de obra indireta: custo total de R$ 20.000,00.

Custo fixo, 40% do atual: custo total de R$ 40.000,00.

Somando todos os custos totais, temos: R$ 190.000,00 (110.000,00 + 20.000,00 + 20.000,00 + 40.000,00).

Dividindo os custos totais pela quantidade de peças, teremos o custo unitário de R$ 19,00 por peça.

Resposta: R$ 19,00.

Gabarito: a.

Questão 3

(Ciências Contábeis/2012) [Variável com fator restritivo] A empresa Rainha fabrica atualmente três produtos, de acordo com as informações apresentadas na tabela a seguir.

Produtos	Horas-máquina necessárias para uma unidade de produto	Margem de contribuição unitária	Margem de contribuição por horas-máquina
Branco	6 horas	R$ 36,00	R$ 6,00
Laranja	4 horas	R$ 28,00	R$ 7,00
Verde	2 horas	R$ 20,00	R$ 10,00

A capacidade total de horas-máquina necessária e a produção máxima semanal para satisfazer a demanda estão explicitadas na tabela seguinte.

Produtos	Horas-máquina	Demanda máxima semanal
Branco	900	150 un
Laranja	600	150 un
Verde	300	150 un

Considerando que a capacidade das máquinas é limitada em 1.752 horas semanais e que o *mix* de produção é função da capacidade das máquinas e da demanda de mercado, o *mix* que maximiza os resultados, na sequência de classificação dos produtos, é:

a. Branco, 142 unidades; verde, 150 unidades; laranja, 150 unidades
b. Branco, 142 unidades; laranja, 150 unidades; verde, 150 unidades
c. Laranja, 150 unidades; branco, 142 unidades; verde, 150 unidades
d. Verde, 150 unidades; laranja, 150 unidades; branco, 142 unidades
e. Branco, 150 unidades; laranja, 150 unidades; verde, 142 unidades

Resolução

Nesse caso, a empresa está trabalhando com um fator restritivo que é a capacidade de horas-máquina (hm), na qual o ideal seria de 1.800 hm, mas só há 1.752 hm disponíveis. Assim, a empresa deve verificar qual produto oferece a melhor margem de contribuição em função do fator restritivo (hm).

O produto verde é o que tem a maior margem de contribuição unitária (R$ 10,00), seguido do laranja, com R$ 7,00, e por último o branco, com R$ 6,00. Assim, essa será a ordem de preferência para se maximizar o lucro.

O produto verde demanda 150 unidades, e cada unidade consome 2 hm, o que dá um total de 300 hm. Abatemos esse valor do total das hm disponíveis (1.752 – 300 = 1.452), restando para os outros produtos 1.452 hm. O próximo a ser priorizado será o laranja. Sua demanda é de 150 unidades, e cada unidade leva 4 h para ser produzida; assim, o consumo total de hm é de 600 (1.452 – 600 = 852). Sobram 852 hm para o produto branco. Dividindo esse valor pela unidade de hm que uma unidade desse produto leva para ser produzida, 6 hm, temos: 852/6 = 142 unidades.

Resposta: 150 unidades do produto verde; 150 unidades do produto laranja; 142 unidades do produto branco.

Gabarito: d.

Questão 4

(Ciências Contábeis/2012) [Absorção e variável] A Cia. das Camisas pretende elaborar a demonstração de resultado do exercício pelo método do custeamento por absorção e pelo custeamento variável. Para isso, utilizará as informações a seguir.

Preço de venda	R$ 20,00
Custos variáveis de produção	R$ 6,00
Custos variáveis comerciais (variam conforme unidades vendidas)	R$ 2,00
Custos fixos	R$ 60.000 por mês
Volume mensal de produção	30.000
Volume mensal de vendas	20.000

Diante do exposto, o lucro mensal da Cia. das Camisas pelo custeamento por absorção e pelo custeamento variável é igual a, respectivamente:

a. R$ 200.000,00 e R$ 180.000,00
b. R$ 216.000,00 e R$ 236.000,00
c. R$ 240.000,00 e R$ 180.000,00
d. R$ 240.000,00 e R$ 220.000,00
e. R$ 344.000,00 e R$ 234.000,00

Resolução

Conforme a apresentação dos custos pelo absorção, temos:
Custos variáveis de produção: R$ 6,00 × 30.000 unidades produzidas = 180.000,00.
Custos fixos: R$ 60.000,00.
Custos totais: R$ 180.000,00 + R$ 60.000,00 = 240.000,00.
Custos unitários: R$ 240.000,00/30.000 unidades produzidas = R$ 8,00.
Unidades vendidas (CPV): R$ 8,00 × 20.000 = R$ 160.000,00.
Custos variáveis comerciais (aqui entram como despesa): R$ 2,00 × 20.000 = R$ 40.000,00.
Vendas totais: 20.000 × 20,00 = 400.000,00.
Lucro: R$ 400.000,00 − R$ 160.000,00 − R$ 40.000,00 = R$ 200.000,00.

Conforme a apresentação dos custos pelo variável, temos:
Custos variáveis de produção: R$ 6,00 × 20.000 = R$ 120.000,00.
Custos variáveis comerciais: R$ 2,00 × 20.000 = R$ 40.000,00.
Custos variáveis totais: R$ 160.000,00 (120.000,00 + 40.000,00).

Vendas: 20.000 × R$ 20,00 = R$ 400.000,00.
Custos fixos: R$ 60.000,00.
Lucro: R$ 400.000,00 − R$ 160.000,00 − R$ 60.000,00 = R$ 180.000,00.

Resposta: lucro pelo absorção de R$ 200.000,00 e lucro de R$ 180.000,00 pelo variável.
Gabarito: a.

Questão 5

(Ciências Contábeis/2012) [Variável, ponto de equilíbrio] Suponha que determinada empresa atinge o ponto de equilíbrio contábil (lucro zero) vendendo 250 unidades de seu produto, conforme discriminado na tabela a seguir.

Demonstração do lucro (no ponto de equilíbrio)

Vendas: 250 unidades a R$ 8,00	R$ 2 000	100%
(−) Custos variáveis: 250 unidades a R$ 2,00	R$ 500	25%
(−) Despesas variáveis: 250 unidades a R$ 0,80	R$ 200	10%
= Lucro marginal	R$ 1 300	65%
(−) Custos fixos	(R$1 300)	65%
= Lucro operacional	R$ 0	0%

A empresa deseja avaliar o impacto de aumentar, simultaneamente, no próximo período, os custos fixos para R$ 1.500, o preço de venda unitário para R$ 10, o custo variável por unidade para R$ 4 e as despesas variáveis para R$ 1,00. Além disso, ela deseja alcançar lucro operacional de R$ 500.

Considerando que essa empresa implemente todas as alterações projetadas para o próximo período, para atingir seu novo ponto de equilíbrio (econômico), ela deverá vender:

a. 260 unidades
b. 300 unidades
c. 360 unidades
d. 400 unidades
e. 600 unidades

Resolução

Com os dados informados, temos de substituir as informações:

Custos fixos de R$ 1.300,00 → R$1.500,00.
Preço de venda de R$ 8,00 → R$ 10,00.
Custos variáveis de R$ 2,00 → R$ 4,00.
Despesas variáveis de R$ 0,80 → R$ 1,00.
Alvo do lucro operacional desejado → R$ 500,00.

Assim, a empresa deseja saber o seu ponto de equilíbrio econômico (PEE). O PEE é o ponto de equilíbrio que considera uma meta a ser atingida, nesse caso o lucro operacional de R$ 500,00. Vamos, antes de qualquer ação, calcular a nova margem de contribuição:
MC unitário = R$ 10,00 − R$ 4,00 − R$ 1,00 = R$ 5,00

De posse da nova margem de contribuição, vamos calcular o PEE:
PEE = (GF + alvo)/MC unitário
PEE = (R$ 1.500,00 + R$ 500,00)/R$ 5,00 = 400 unidades
Resposta: 400 unidades no PEE.
Gabarito: d.

Questão 6

(Ciências Contábeis/2012) [Variável, grau de alavancagem] A empresa Alfa acumula vendas no valor de R$ 1.000.000,00, obtendo lucro bruto de R$ 200.000,00. O preço de venda do único produto produzido pela empresa é de R$ 1.000,00, e o seu custo unitário variável é de R$ 300,00.

Nessa situação, o grau de alavancagem operacional da empresa Alfa é igual a:

a. 5,5
b. 5,0
c. 4,5
d. 4,0
e. 3,5

Resolução

Nesta questão são informados vendas totais, preço unitário, custo variável unitário e lucro bruto. Assim, vamos elaborar a DRE com essas informações:
Vendas: R$ 1.000.000,00 (1.00.000,00/1.000,00 = 1.000 unidades vendidas).
Custos unitários: R$ 300.000,00 (R$ 300,00 × 1.000 unidades vendidas).

Margem de contribuição total: R$ 700.000,00 (R$ 1.000,00 − R$ 300,00 = R$ 700,00 × 1.000 unidades).
Lucro bruto: R$ 200.000,00.
GAO = MG contribuição total/lucro.
GAO = 700.000,00/200.000,00 = 3,5 X.
Resposta: 3,5 vezes.
Gabarito: e.

Questão 7

(Ciências Contábeis/2012) [Variável, *mix* de produtos] Uma empresa fabrica dois produtos, sendo que o produto X corresponde a 75% das vendas, e o produto Y, a 25% das vendas. O produto X é vendido por R$ 40,00, tendo custos e despesas variáveis de R$ 20,00 e custos e despesas fixas de R$ 4,00. O produto Y é vendido por R$ 30,00, tendo custos e despesas variáveis de R$ 14,00 e custos e despesas fixas de R$ 6,00.

Sob essas condições, a margem de contribuição conjunta para os produtos X e Y será de:

a. R$ 14,50
b. R$ 19,00
c. R$ 23,00
d. R$ 23,50
e. R$ 37,50

Resolução

Aqui temos uma relação entre dois produtos. O problema pode ser resolvido de duas maneiras. Primeiro vamos verificar essa relação: produto X = 75%; produto Y = 25%. Logo, a relação é três produtos X para cada produto Y vendido: 75%/25% = 3.

Vamos agora às substituições:

Produto X = preço de venda R$ 40,00 − R$ 20,00 (custos e despesas variáveis) = R$ 20,00 de margem de contribuição unitária. Custos fixos de R$ 4,00 por unidade

Produto Y = preço de venda R$ 30,00 − R$ 14,00 (custos e despesas variáveis) = R$ 16,00 de margem de contribuição unitária. Custos fixos de R$ 6,00 por unidade

Pergunta-se: qual a margem de contribuição conjunta?

1ª solução: aplicar a ponderação na margem de contribuição.
Se o produto X representa 75% das vendas, a sua margem é responsável por 75% da margem total (conjunta); assim, R$ 20,00 × 75% = R$ 15,00.
Se o produto Y representa 25% das vendas, a sua margem é responsável por 25% da margem total (conjunta); assim, R$ 16,00 × 25% = R$ 4,00.
Somando as duas margens, temos: R$ 15,00 + R$ 4,00 = R$ 19,00.

2ª solução: por meio da equação.
Se, para cada três produtos X, vende-se um de Y, temos: 3X do produto X e 1X do produto Y:
4X = (3 × R$ 20,00) + (1 × R$ 16,00) → 4X = R$ 60,00 + R$ 16,00 → 4X = R$ 76,00 → X = R$ 76,00/4 → X = R$ 19,00
Resposta: R$ 19,00.
Gabarito: b.

Questão 8

(Ciências Contábeis/2009) [Absorção] Uma empresa produziu, no mesmo período, 100 unidades do produto A, 200 unidades do produto B e 300 unidades do produto C. Os custos indiretos totais foram de R$ 1.700,00. Os custos diretos unitários de matéria-prima representaram, respectivamente, R$ 1,50, R$ 1,00 e R$ 0,50, e os custos diretos unitários de mão de obra, R$ 1,00, R$ 0,50 e R$ 0,50. O critério de rateio dos custos indiretos foi proporcional ao custo direto total de cada produto. Considerando-se essas informações, o custo unitário dos produtos A, B e C pelo custeio por absorção é, respectivamente:

a. R$ 11,00; R$ 4,05; R$ 2,13
b. R$ 7,50; R$ 4,50; R$ 3,00
c. R$ 6,50; R$ 4,00; R$ 2,50
d. R$ 5,00; R$ 3,00; R$ 2,00
e. R$ 2,50; R$ 1,50; R$ 1,00

Resolução

Alocando-se os custos diretos por produto, temos:

Descrição	Produto A	Produto B	Produto C
Matéria-prima unitária (R$)	1,50	1,00	0,50
MOD unitária (R$)	1,00	0,50	0,50
Total de custos diretos unitários (R$)	2,50	1,50	1,00
Produção (em unidades)	100	200	300
Custo direto total (R$)	250,00	300,00	300,00
Custos indiretos (por produto) (R$)	500,00	600,00	600,00
Custos totais (por produto) (R$)	750,00	900,00	900,00
Custo unitário total (por produto) (R$)	7,50	4,50	3,00

Do total dos custos diretos, temos 250,00 = (100 unidades × R$ 2,50) + 300,00 = (200 unidades × R$ 1,50) + 300,00 = (300 unidades × R$ 1,00); logo, R$ 850,00 de custos diretos.

O próximo passo é dividir os custos indiretos pelos custos diretos, conforme informado na questão (rateio), assim:

Custos indiretos totais = R$ 1.700,00

Custos diretos totais = R$ 850,00

R$ 1.700,00/R$ 850,00 = R$ 2,00 a serem alocados para cada unidade produzida em função dos seus custos diretos totais. Logo:

- Produto A = R$ 250,00 (custos diretos totais) × R$ 2,00 (custo indireto a ser alocado por unidade de custo direto consumido) = R$ 500,00.
- Produto B = R$ 300,00 (custos diretos totais) × R$ 2,00 (custo indireto a ser alocado por unidade de custo direto consumido) = R$ 600,00.
- Produto C = R$ 300,00 (custos diretos totais) × R$ 2,00 (custo indireto a ser alocado por unidade de custo direto consumido) = R$ 600,00.

Agora fica fácil saber o total dos custos alocados:

- Produto A = R$ 250,00 + R$ 500,00 = R$ 750,00 ÷ 100 unidades = R$ 7,50 por unidade.
- Produto B = R$ 300,00 + R$ 600,00 = R$ 900,00 ÷ 200 unidades = R$ 4,50 por unidade.
- Produto C = R$ 300,00 + R$ 600,00 = R$ 900,00 ÷ 300 unidades = R$ 3,00 por unidade.

Resposta: R$ 7,50; R$ 4,50; R$ 3,00.
Gabarito: b.

Questão 9

(Ciências Contábeis/2009) [Variável, margem de contribuição negativa] A Gráfica Universitária pretende comercializar a revista Educação no mercado brasileiro. Os gestores da empresa estimam gastos variáveis de R$ 1,50 por revista processada e gastos fixos na ordem de R$ 100.000,00 por mês. Por outro lado, os gestores comerciais esperam obter R$ 1,00 por revista comercializada, além de R$ 130.000,00 mensais relativos à receita de publicidade. Permanecendo as demais condições constantes, para se alcançar um lucro de R$ 10.000,00 por mês, será necessário comercializar:

a. 220.000 assinaturas
b. 80.000 assinaturas
c. 60.000 assinaturas
d. 40.000 assinaturas
e. 20.000 assinaturas

Resolução

Essa questão tem uma "pegadinha" no conceito de obter. Esse "obter" refere-se ao preço de venda da revista, logo está trabalhando com margem de contribuição negativa. As gráficas, geralmente, trabalham com margem de contribuição negativa, pois possuem outras receitas como fonte paralela de ingressos; no exemplo, R$ 130.000,00 de publicidade.

Assim, nesse caso, a gráfica está trabalhando com uma margem de contribuição negativa de 0,50 por exemplar (1,50 – 1,00 = 0,50); então, quanto mais exemplares vender, maior será a margem de contribuição total negativa. Agora temos de pensar da seguinte forma: se a gráfica possui uma receita com publicidade no valor de R$ 130.000,00, para ter um lucro de R$ 10.000,00 os custos acumulados até então deverão ser de R$ 120.000,00 (R$ 130.000,00 – 120.000,00 = R$ 10.000,00). Como os custos fixos totalizam R$ 100.000,00, a margem de contribuição negativa (ou seja, os custos variáveis menos as receitas) deve ser de – R$ 20.000,00 (negativos). Assim, pela equação, temos:

1,00x – 1,50x = – 20.000
– 0,50x = – 20.000

−x = − 20.000/0,50
−x = − 40.000 → x = 40.000 unidades
Fazendo a prova real, temos:
40.000 unidades × R$ 1,00 = R$ 40.000,00 (receita com as vendas totais)
40.000 unidades × − R$ 1,50 = − R$ 60.000,00 (custos diretos totais)
40.000 unidades × − R$ 0,50 = − R$ 20.000,00 (margem de contribuição negativa total)
Custos fixos = − R$ 100.000,00
Logo, custos totais = − R$ 120.000,00 (− 100.000,00 − 20.000,00)
Receitas com publicidade = R$ 130.000,00 (positivos)
Lucro = R$ 130.000,00 − 120.000,00 (custos) = R$ 10.000,00
Resposta: 40.000 assinaturas.
Gabarito: d.

Questão 10

(Ciências Contábeis/2009) [Variável, fator restritivo] Os produtos calça e camisa, fabricados pela Cia. Veste Bem, são vendidos por R$ 100,00 e R$ 70,00, respectivamente. Os dados de seu processo de produção, envolvendo o material direto e o tempo unitário que os produtos demandam para ser confeccionados nos três departamentos produtivos, são descritos na tabela:

Itens	Material	Tempo por unidades (horas)		
		Corte	Costura	Acabamento
Calça	R$ 64,00	0,10	0,30	0,10
Camisa	R$ 40,00	0,20	0,20	0,10

Sabendo-se que o mercado está disposto a comprar, mensalmente, 500 unidades do produto calça e 1.000 unidades do produto camisa, e que a capacidade produtiva de cada departamento é de 320 horas/mês, identifique o *mix* de produção que proporciona o maior resultado econômico possível:

a. 500 calças e 1.000 camisas
b. 500 calças e 850 camisas
c. 500 calças e zero camisa
d. 400 calças e 1.000 camisas
e. Zero calça e 1.000 camisas

Resolução

Primeiro temos de verificar a margem de contribuição em função da proporção de vendas. Como o mercado está disposto a comprar 500 calças e 1.000 camisas, percebe-se que se vendem duas camisas para cada calça. Assim, a margem de contribuição será:

Calça = 100,00 − 64,00 = R$ 36,00 × 1 = R$ 36,00 ou R$ 36,00/1 = R$ 36,00.
Camisa = 70,00 − 40,00 = R$ 30,00 × 2 = R$ 60,00 ou R$ 30,00/0,5 = R$ 60,00.

Logo, a margem de contribuição das camisas é maior, devendo-se dar preferência a esse produto.

Para produzir 1.000 unidades de camisas, temos o consumo por departamento em horas:

Itens	Material	Tempo por unidades (horas)		
		Corte	Costura	Acabamento
Calça	R$ 64,00	120	120	220
Camisa	R$ 40,00	200	200	100
Total em horas		320	320	320

Repare que, nesse quadro, o fator restritivo para a produção de calças está no departamento de costura, uma vez que com 120 horas disponíveis pode-se produzir somente 400 unidades de calça (120 horas ÷ 0,3 = 400 unidades).

O lucro seria da venda de 400 calças (400 × 36,00 = R$ 14.400,00) + 1.000 camisas (1.000 × 30,00 = R$ 30.000,00) = R$ 44.400,00.

Se fosse dada prioridade à produção de vendas do produto calça, teríamos a seguinte distribuição de horas:

Itens	Material	Tempo por unidades (horas)		
		Corte	Costura	Acabamento
Calça	R$ 64,00	50	150	50
Camisa	R$ 40,00	270	170	270
Total em horas		320	320	320

Repare que só poderíamos produzir 850 camisas, pois o departamento de costura apresentou restrição (170 ÷ 0,2 = 850 unidades), sendo dada preferência à produção de calças (500 unidades).

O lucro seria da venda de 500 calças (500 × 36,00 = R$ 18.000,00) + 850 camisas (850 × 30,00 = R$ 25.500,00) = R$ 43.500,00, lucro inferior ao apresentado anteriormente, que foi de R$ 44.400,00.

Resposta: 400 calças e 1.000 camisas.
Gabarito: d.

Questão 11

(Ciências Contábeis/2009) [Variável] A empresa Florisbela produz cintos e bolsas. Os seguintes dados foram levantados em determinado período:

Itens	Cintos	Bolsas	Total
Preço de venda líquido por unidade	R$ 15,00	R$ 25,00	
Material direto por unidade	R$ 12,00	R$ 14,00	
Comissão sobre vendas por unidade	R$ 1,00	R$ 3,00	
Custos fixos identificados/mês	R$ 50.000,00	R$ 20.000,00	R$ 70.000,00
Custos fixos comuns/mês			R$ 100.000,00
Despesas administrativas/mês			R$ 44.000,00
Volume mensal de produção e vendas	30.000 unidades	20.000 unidades	50.000 unidades

Preocupados com o desempenho da empresa, seus gestores estão considerando a possibilidade de eliminar de seu *mix* o produto cinto. Para subsidiar a decisão dos gestores, foram solicitadas a você, na qualidade de contador de custos da empresa, algumas informações contábeis. Para atender à solicitação, responda:

a. Qual é o valor da margem bruta total de cada produto, sob a ótica do custeio por absorção, considerando-se que os custos fixos comuns são rateados aos produtos proporcionalmente à quantidade total produzida?
b. Qual é o valor da margem direta total (2ª margem de contribuição) de cada modelo, sob a ótica do custeio direto?
c. Qual é o impacto da eliminação do produto cinto no resultado da empresa, tendo em vista que seus custos fixos identificados serão economizados?

Resolução

a. Margem bruta total

Itens	Cintos	Bolsas
Receita líquida de vendas	450.000,00	500.000,00
Custo dos produtos vendidos	(470.000,00)	(340.000,00)
Custo variável total	(360.000,00)	(280.000,00)
Custo fixo total	(110.000,00)	(60.000,00)
Margem bruta total	(20.000,00)	160.000,00

b. Margem direta total (2ª margem de contribuição)

Itens	Cintos	Bolsas
Receita líquida de vendas	450.000,00	500.000,00
Custo variável total	(360.000,00)	(280.000,00)
Despesa variável total	(30.000,00)	(60.000,00)
Margem de contribuição total	60.000,00	160.000,00
Custo fixo identificado	(50.000,00)	(20.000,00)
Margem direta total	10.000,00	140.000,00

c. O impacto no resultado é uma redução no lucro da empresa, no valor de R$ 10.000,00, correspondente ao valor da margem direta (2ª margem de contribuição) do produto cinto.

Questão 12

(Ciências Contábeis/2006) [Variável] A empresa Custa Karo Ltda. apresentou, em determinado momento, os dados abaixo:

	Produto Alfa	Produto Beta
Margem de contribuição (considerando somente os custos variáveis)	R$ 380,00	R$ 420,00
Matéria-prima	R$ 240,00	R$ 360,00
Preço de venda (líquido dos impostos)	R$ 860,00	R$ 900,00

De acordo com esses dados, qual o percentual de participação da matéria-prima em relação ao custo variável total dos produtos Alfa e Beta, nessa ordem?

a. 25% e 50%
b. 44% e 46%
c. 50% e 25%
d. 50% e 75%
e. 75% e 50%

Resolução

Nessa questão deve-se verificar a participação dos custos variáveis totais em primeiro lugar. Se a margem de contribuição é igual às vendas menos os custos e despesas variáveis, o total dos custos variáveis por produto é:
Alfa: 860,00 − 380,00 = R$ 480,00.
Beta: 900,00 − 420,00 = R$ 480,00.

Percentual da matéria-prima em relação ao total dos custos variáveis:
Alfa: R$ 240,00 ÷ R$ 480,00 = 0,5 ou 50%.
Beta: R$ 360,00 ÷ R$ 480,00 = 0,75 ou 75%.
Resposta: 50% e 75%.
Gabarito: d.

Questão 13

(Ciências Contábeis/2006) [Custo-padrão] A Indústria Laguna S.A. planeja fabricar e vender 100.000 unidades de um único produto durante o exercício fiscal de 2005, com custo variável de R$ 4,00 por unidade e custo fixo de R$ 2,00 por unidade.

Se, nesse mesmo período, a empresa não alcançar o planejado e fabricar e vender somente 80.000 unidades, incorrendo em um custo total de R$ 515.000,00, qual será a variação de custo de manufatura nesse período?

a. R$ 85.000,00 favorável
b. R$ 85.000,00 desfavorável
c. R$ 80.000,00 desfavorável
d. R$ 5.000,00 favorável
e. R$ 5.000,00 desfavorável

Resolução

Estamos verificando a diferença entre o custo-padrão e o real. Assim, o custo-padrão da empresa é composto por R$ 200.000,00 de custos fixos (R$ 2,00 × 100.000 unidades). Se a empresa vender somente 80.000 unidades, os custos fixos

se manterão iguais; então, devemos atentar para a diferença nos custos variáveis. Se a empresa vendesse 80.000 unidades ao custo de R$ 4,00 cada, teríamos R$ 320.000,00. Agora temos de abater o valor dos custos fixos no total apontado para o volume de 80.000 unidades, que foi de R$ 515.000,00. R$ 515.000,00 – 200.000,00 (custos fixos) = R$ 315.000,00, ou seja, o real ficou menor que o orçado (padrão), e a empresa economizou a diferença, 320.000,00 (padrão) – 315,000 (real) = R$ 5.000,00 favorável.
Resposta: R$ 5.000,00 favorável.
Gabarito: d.

Questão 14

(Ciências Contábeis/2006) [Absorção e variável] A manufatura Irmãos Anhangá é uma empresa que produziu e comercializou, no exercício social de 2005, um único produto. A fábrica entrou em operação nesse ano, não havendo portanto qualquer tipo de estoque no início do exercício fiscal de 2005.

Durante esse período, a contabilidade reportou dados da produção e das despesas incorridas:

- 200 unidades produzidas e acabadas.
- Custo variável de fabricação: R$ 30,00 por unidade.
- Custos fixos de fabricação: R$ 600,00.
- Despesas operacionais de administração e vendas: R$ 400,00.
- 120 unidades vendidas.
- Preço líquido de venda por unidade: R$ 40,00.

Com base nas informações, é correto afirmar que os resultados finais apurados pelo método de custeio por absorção e pelo método de custeio variável são, respectivamente:

a. R$ 200,00 e R$ 200,00
b. R$ 440,00 e R$ 200,00
c. R$ 440,00 e R$ 600,00
d. R$ 600,00 e R$ 800,00
e. R$ 840,00 e R$ 600,00

Resolução

Pelo custeio por absorção, que absorve os custos fixos na produção, temos:
200 unidades × R$ 30,00 = R$ 6.000,00
Custos fixos = R$ 600,00
Custo da produção = R$ 6.000,00 + R$ 600,00 = R$ 6.600,00 ÷ 200 unidades = R$ 33,00
Unidades vendidas = 120 × 40,00 (preço de venda) = R$ 4.800,00 − (120 × 33,00 custo unitário) = R$ 840,00 → R$ 840,00 − R$ 400,00 (despesas) = lucro de R$ 440,00

Pelo custeio variável, que considera os custos fixos como despesas, temos:
Unidades vendidas = 120 × 40,00 (preço de venda) = R$ 4.800,00 − (120 × 30,00 custo unitário pelo variável) = R$ 1.200,00 → R$ 1.200,00 − R$ 600,00 (custos fixos) − R$ 400,00 (despesas) = lucro de R$ 200,00.
Resposta: R$ 440,00 R$ 200,00.
Gabarito: b.

Questão 15

(Ciências Contábeis/2006) [Variável] A Indústria Laboriosa fabrica apenas um produto, gastando 12 minutos de horas-máquina para produzir cada unidade. Em determinado mês, sua estrutura de custos e despesas foi a seguinte:

Dados	Valor
Custos fixos mensais	R$ 1.920.000,00
Custos variáveis	R$ 1.260.000,00
Despesas fixas mensais	R$ 1.200.000,00
Despesas variáveis de vendas	R$ 0,20 para cada R$ 1,00 das vendas
Horas-máquina totais/mês aplicadas	2.000 horas

Nessas condições, para a empresa vender toda a sua produção e obter um resultado, antes do imposto de renda e contribuições, no valor de R$ 1.400.000,00, qual a margem de contribuição unitária?

a. R$ 140,00
b. R$ 318,50
c. R$ 452,00

d. R$ 578,00
e. R$ 722,50

Resolução

Nessa questão temos de separar os gastos fixos (despesas e custos) dos variáveis e acrescentar o lucro-alvo. Assim, temos:

MC = (gastos fixos + lucro-alvo) ÷ quantidade de unidades

Os gastos fixos somam 3.120.000,00, sendo 1.920.000,00 + 1.200.000,00 + 1.400.000,00 do lucro-alvo, no total de 4.520.000,00.

Para achar a quantidade de unidades, verificamos o total de horas disponíveis e o tempo gasto para a produção de cada unidade. Cada unidade demanda 12 minutos, e a empresa tem 2.000 horas na produção. Assim, 12 minutos = 20% de hora (12/60 = 0,2); logo, 2.000 horas ÷ 0,2 = 10.000 unidades que podem ser produzidas nesse tempo.

Agora basta substituir na fórmula:

R$ 4.520.000,00 ÷ 10.000 unidades = R$ 452,00 (margem de contribuição)

Resposta: R$ 452,00.

Gabarito: c.

Questão 16

(Ciências Contábeis/2006) [Ciclo operacional] A empresa Giro Alto Ltda. pretende aumentar suas vendas a prazo para manter as vendas totais de 2005 iguais às de 2004. Em 2004, o valor total das vendas foi de R$ 1.800.000,00, considerando um ano comercial de 360 dias e que a empresa operou com prazo médio de recebimento de vendas de 30 dias.

Para alcançar esse objetivo, a empresa terá de ampliar para 32 dias o prazo médio de recebimento de vendas. Desse modo, o valor das duplicatas a receber, em 30 de dezembro de 2005, deve ser:

a. R$ 56.250,00
b. R$ 60.000,00
c. R$ 116.250,00
d. R$ 150.000,00
e. R$ 160.000,00

Resolução

Nessa questão temos de encontrar o total de duplicatas a receber, assim:
Prazo médio de recebimento = (duplicatas a receber/vendas) × 360
30 = (x/1.800.000,00) × 360
x = (1.800.000,00 × 30) ÷ 360 = R$ 150.000,00

Se o prazo aumentar, temos de recalcular:
32 = (x/1.800.000,00) × 360
x = (1.800.000,00 × 32) ÷ 360 = R$ 160.000,00
Resposta: R$ 160.000,00.
Gabarito: e.

Questão 17

(Ciências Contábeis/2006) [Custos e preço de transferência] A Cia. Malta é uma indústria eletrônica que produz dois produtos: gravadores de CD e gravadores de DVD. A empresa possui, na área de produção, departamentos de serviços e departamentos produtivos. Os departamentos da área fabril são considerados centros de resultado; logo, seus gerentes são responsáveis por gerar lucro nos departamentos sob sua responsabilidade e, para tanto, utilizam o conceito de preço de transferência para transferir o produto de uma área para outra. O preço de transferência é calculado tomando como base o custo do departamento, acrescido de uma margem de 10%.

Até o ano de 2005, a Cia. Malta tinha participação de mercado de 60% e era lucrativa. Recentemente, as análises econômico-financeiras mostraram que ela vem perdendo participação no mercado em razão da falta de competitividade de seus preços.

Um novo presidente foi contratado e, ao marcar a primeira reunião com todos os executivos da empresa, solicitou aos departamentos de finanças/custos a preparação de um relatório constando, de forma detalhada, definições, conceitos e exemplos da composição dos custos da empresa.

Em atendimento à solicitação do presidente, pede-se:

a. Conceituar e exemplificar os itens a seguir listados:
 - Custos primários dos produtos da empresa.
 - Custos de conversão dos produtos.

- Custos comuns exemplificando na estrutura de custos e quais os itens componentes.
- Custos diretos e indiretos.
- Custos periódicos, variáveis e fixos.

b. Especificar a aplicabilidade, os pontos positivos e negativos, e a forma de cálculo do preço de transferência.

Resolução

a. Conceituar e exemplificar os itens a seguir listados:
- Custos primários são matéria-prima e mão de obra direta, assim chamados em virtude de sua importância especial na composição dos custos. Hoje em dia, a ênfase está nos custos de transformação e não tanto nos custos primários.
- Custos de conversão são todos os custos incorridos no processo produtivo para transformar as matérias-primas em produtos acabados. Os mais comuns são mão de obra direta e custos indiretos de fabricação.
- Custos comuns são comumente encontrados na fabricação de produtos farmacêuticos porque, durante o processo produtivo até determinada fase, os custos incorridos são os mesmos; a partir de um ponto chamado ponto de segregação, tornam-se vários produtos acabados diferentes.
- Custos periódicos ocorrem em momentos específicos no tempo, como os custos de manutenção.
- Custos variáveis e fixos são custos variáveis que variam diretamente conforme a quantidade produzida (não vendida). Custos fixos são custos que não se alteram por determinado período e quantidade de produção.
- Custos diretos são atribuídos e identificados de forma direta no produto.
- Custos indiretos ocorrem na produção, mas sua atribuição ao produto é feita mediante rateio.

b. Especificar a aplicabilidade, os pontos positivos e negativos, e a forma de cálculo do preço de transferência.

Pontos positivos:

- O gestor consegue identificar a agregação de custos ao longo do processo produtivo.
- Os departamentos podem ser responsabilizados pela gestão de seus custos. Identificam-se mais claramente os que são centros produtivos e os que são centros de serviços.
- Quando existe mercado para os produtos ao longo do processo, é importante para estabelecer o preço de transferência-alvo.

Pontos negativos:
- Quando não existe mercado para comparação, leva à transferência de ineficiências de um setor para o outro e, por fim, ao total do custo do produto.
- No caso apresentado, transferir produtos tomando como base o custo do departamento e adicionando 10% de margem com certeza leva a não gerar competitividade no processo produtivo porque, qualquer que seja seu custo, sua margem de 10% está garantida. Dessa forma, não é aconselhável utilizar essa metodologia.

QUESTÕES DO EXAME DE SUFICIÊNCIA – CFC

Questão 1

(Bacharel/2015.1) Uma determinada indústria iniciou suas atividades em fevereiro de 2015 e apresentou os seguintes dados, em 28/2/2015:

- Depreciação do equipamento de produção: R$ 700,00.
- Mão de obra indireta: R$ 9.400,00.
- Custos indiretos consumidos na fábrica: R$ 12.530,00.
- Estoque final de matérias-primas: R$ 15.600,00.
- Mão de obra direta: R$ 18.800,00.
- Estoque final de produtos acabados: R$ 25.300,00.
- Matérias-primas compradas: R$ 37.600,00.

Considerando o custeio de absorção e que não havia outros saldos, o valor de matéria-prima consumida no período é de:

a. R$ 15.600,00
b. R$ 22.000,00
c. R$ 37.600,00
d. R$ 63.430,00

Resolução

- Depreciação: 700,00.
- MOI: 9.400,00.
- CIF: 12.530,00.
- EIMP: 0,00. Não havia!
- EFMP: 15.600,00.
- MOD: 18.800,00.
- EFPA: 25.300,00.
- MP compras: 37.600,00.
- MP consumida: 22.000,00 = 0 + 37.600,00 − 15.600,00.

Gabarito: b.

Questão 2

(Bacharel/2015.1) Uma determinada indústria fabrica dois produtos: A e B. No mês de fevereiro de 2015, a indústria incorreu em custos indiretos de fabricação no total de R$ 15.000,00. Nesse mesmo mês, foram produzidas 2.000 unidades de cada produto.

Para produzir o produto A, foram consumidas 3.000 horas-máquina e, para produzir o produto B, foram consumidas 7.000 horas-máquina.

Os custos indiretos de fabricação são apropriados aos produtos, com base nas horas-máquina consumidas.

Os custos variáveis de cada um dos produtos são de R$ 5,00 por unidade.

Considerando os dados acima, o custo unitário total do produto A, calculado pelo custeio por absorção, no mês de fevereiro, é de:

a. R$ 7,25
b. R$ 7,50
c. R$ 8,75
d. R$ 10,25

Resolução

- CIF: R$ 15.000,00.
- Unidades produzidas de cada produto: 2.000.
- Produto A: 3.000 hm.
- Produto B: 7.000 hm.
- Total de horas-máquina consumidas (hm): 10.000.
- Custos variáveis unitários (ambos os produtos): R$ 5,00.
- Custos indiretos divididos pela hm total: R$ 1,50 = 15.000,00/10.000 hm.
- Custos indiretos alocados ao produto A: R$ 4.500,00 = 1,50 × 3.000 hm.
- Custos variáveis totais alocados ao produto A: R$ 10.000,00 = 5,00 × 2.000 unidades.
- Custo total alocado ao produto A: R$ 14.500,00 = 4.500,00 + 10.000,00.
- Custo unitário total do produto A: R$ 7,25 = 14.500,00/2.000 unidades.

Gabarito: a.

Questão 3

(Bacharel/2015.1) O departamento de custos de uma sociedade industrial apresentou os seguintes dados:

I) Referentes à produção do período

	Produto 1	Produto 2	Total
Produção (unidades)	10.000	200	10.200
Custo direto (por unidade)	R$ 15,00	R$ 10,00	
Custo direto total	R$ 150.000,00	R$ 2.000,00	R$ 152.000,00
Custo indireto de fabricação			R$ 223.400,00
Número de lotes recebidos e produzidos	50	30	80
Quantidade de ordens de produção	16	4	20
Horas-máquina para operação do equipamento	900	400	1.300

II) Referentes à distribuição dos custos indiretos de fabricação

Gasto	Valor	Direcionador de custo
Recebimento e movimentação de material	R$ 72.400,00	Número de lotes recebidos e produzidos
Planejamento e controle de produção	R$ 47.000,00	Quantidade de ordens de produção
Operação do equipamento	R$ 104.000,00	Horas-máquina para operação do equipamento
Total	R$ 223.400,00	

Considerando que a empresa adota o custeio baseado em atividades, o custo de produção do produto 1 é de:

a. R$ 284.040,00
b. R$ 289.625,00
c. R$ 304.850,00
d. R$ 328.720,00

Resolução

Custos indiretos: receber materiais, planejar e controlar, operar equipamentos = 72.400,00 + 47.000,00 + 104.000,00 = 223.400,00.
Unidade de direcionador de custo: 80 / 20 / 1.300.
Custo a ser alocado por unidade: 905,00 (72.400/80) / 2.350,00(47.000/20) / 80,00 (104.000/1.300).

Custos diretos
Custos diretos unitários do produto 1: R$ 15,00.
Produção do produto 1: 10.000 unidades.

Total de custos diretos do produto 1:
150.000,00 = 15,00 × 10.000 unidades.

Custos diretos
Custos diretos unitários do produto 2: R$ 10,00.
Produção do produto 2: 200 unidades.

Total de custos diretos do produto 2:
2.000,00 = 10,00 × 200 unidades

Custos diretos totais: 152.000,00 = 150.000,00 + 2.000,00.

Alocação dos custos indiretos
Unidade de direcionador de custos: 50 / 16 / 900.
Total de custos indiretos do produto 1:
45.250,00 (50/80 × 72.400) + 37.600,00 (16/20 × 47.000) + 72.000,00 (900/1.300 × 104.000) = 154.850,00
Unidade de direcionador de custos: 30 / 4 / 400.

Total de custos indiretos do produto 2:
27.150,00 (30/80 × 72.400) + 9.400,00 (4/20 × 47.000) + 32.000,00 (400/1.300 × 104.000) = 68.550,00
Custos indiretos totais alocados: 223.400,00.
Custo de produção do produto 1: 304.850,00 = 150.000,00 + 154.850,00.
Gabarito: c.

Questão 4

(Bacharel/2015.1) Uma determinada indústria iniciou suas atividades em fevereiro de 2015 e apresentou os seguintes dados, em 28/2/2015:

- Comissão dos vendedores: R$ 846,00.
- Custos indiretos consumidos na fábrica: R$ 18.800,00.
- Depreciação do equipamento de produção: R$ 1.034,00.
- Despesas administrativas: R$ 8.460,00.
- Estoque final de matérias-primas: R$ 23.500,00.
- Estoque final de produtos acabados: R$ 37.976,00.
- Mão de obra direta: R$ 28.200,00.
- Mão de obra indireta: R$ 14.100,00.
- Matérias-primas compradas: R$ 56.400,00.
- Receita bruta de vendas: R$ 72.850,00.

Considerando o método de custeio por absorção e que não havia outros saldos, o custo dos produtos vendidos será de:

a. R$ 15.792,00
b. R$ 32.900,00
c. R$ 57.058,00
d. R$ 95.034,00

Resolução
- Comissão dos vendedores: R$ 846,00.
- Custos indiretos consumidos na fábrica: R$ 18.800,00.
- Depreciação do equipamento de produção: R$ 1.034,00.
- Despesas administrativas: R$ 8.460,00.
- Estoque final de matérias-primas: R$ 23.500,00.

- Estoque final de produtos acabados: R$ 37.976,00.
- Mão de obra direta: R$ 28.200,00.
- Mão de obra indireta: R$ 14.100,00.
- Matérias-primas compradas: R$ 56.400,00.
- Receita bruta de vendas: R$ 72.850,00.
- CPV: 57.058,00 = 0 + 95.034 − 37.976.
- MP: 32.900,00 = 0 + 56.400,00 − 23.500,00.
- Produção: 95.034,00 = 32.900 + 18.800 + 1.034 + 28.200 + 14.100.

Gabarito: d.

Questão 5

(Bacharel/2015.1) Uma indústria apresentou os seguintes dados de produção em determinado período:

- Custos fixos totais no período: R$ 1.800.000,00.
- Depreciação (já inclusa nos custos fixos totais): R$ 585.000,00.
- Custos variáveis totais no período: R$ 27.000.000,00.
- Produção acabada e vendida no período: 36.000 unidades.

Considerando que o preço de venda unitário é de R$ 1.200,00, é *correto* afirmar:

a. O ponto de equilíbrio financeiro é de 36.000 unidades no período
b. A margem de segurança no período é de R$ 16.200.000,00
c. A margem de contribuição unitária é de R$ 450,00
d. O ponto de equilíbrio contábil é de 22.500 unidades no período

Resolução

- Depreciação (inclusa nos CF): 585.000,00.
- Custos fixos totais: R$ 1.800.000,00.
- Custos variáveis totais: R$ 27.000.000,00.
- Produção: 36.000 unidades.
- Custo variável unitário: R$ 750,00. = 27.000.000,00/36.000 unidades.
- Preço de venda unitário: R$ 1.200,00.
- Margem de contribuição: R$ 450,00 = 1.200,00 − 750,00.
- PEC (unidades): 4.000 = 1.800.000,00/450,00.

- PEC: (R$) 4.800.000,00 = 4.000 × 1.200,00.
- Margem de segurança (unidades): 32.000.
- Margem de segurança: (R$) 38.400.000,00 = 32.000 × 1.200,00.
- PEF (unidades): 2.700 = (1.800.000,00 − 585.000,00)/450,00.
- PEF: (R$) 3.240.000,00 = 2.700 × 1.200,00.
  Gabarito: c.

Questão 6

(Bacharel/2015.1) Uma indústria compra matéria-prima a prazo. Após o recebimento da matéria-prima, a indústria a armazena, em média, por sete dias, antes de encaminhá-la para a área de produção, onde ficará quatro dias em processo.

Após a conclusão da manufatura, a indústria mantém o produto acabado em estoque por um tempo médio de 21 dias, antes de vendê-lo.

As vendas são efetuadas com prazo médio de recebimento de 35 dias.

O pagamento ao fornecedor se dá em 17 dias após a compra da matéria-prima.

Acerca dessa situação, o ciclo operacional total é de:

a. 39 dias
b. 46 dias
c. 60 dias
d. 67 dias

Resolução

- PME: 32 = 7 + 4 + 21.
- PMR: 35.
- PMP: 17.
- CO: 67 = 32 + 35.
- CF: 50 = 32 + 35 − 17.
- CO = PME + PMR.
- CF = CO − PMP.
  Gabarito: d.

Questão 7

(Bacharel/2015.1) Uma indústria está lançando no mercado um produto com os seguintes dados de custos:

- Custos indiretos fixos totais: R$ 650.000,00.
- Depreciação incluída nos custos indiretos fixos totais: R$ 32.500,00.
- Montante de lucro desejado: R$ 97.500,00.
- Custo direto variável unitário: R$ 12,50.
- Preço de venda unitário: R$ 32,50.
- Expectativa de venda mensal: 35.000 unidades.

Com base nos dados apresentados, é *correto* afirmar que:

a. A margem de segurança é de R$ 12,50 por unidade
b. O ponto de equilíbrio contábil é de 20.000 unidades
c. A margem de contribuição é de R$ 20,00 por unidade
d. O ponto de equilíbrio econômico é de 23.000 unidades

Resolução

- Custos indiretos fixos totais: R$ 650.000,00.
- Depreciação incluída nos custos indiretos fixos totais: R$ 32.500,00.
- Montante de lucro desejado: R$ 97.500,00.
- Custo direto variável unitário: R$ 12,50.
- Preço de venda unitário: R$ 32,50.
- Expectativa de venda mensal: 35.000 unidades.
- Margem de contribuição unitária: R$ 20,00.
- PEC: 32.500 unidades. R$ 1.056.250,00.
- PEF: 30.875 unidades. R$ 1.003.437,50.
- PEE: 37.375 unidades. R$ 1.214.687,50.
Gabarito: c.

Questão 8

(Técnico/2015.1) Uma sociedade empresária apresentou os seguintes dados, extraídos de seu controle de estoque, referentes a uma mercadoria específica:

Data	Descrição	Quantidade	Valor unitário
1/12/2014	Saldo inicial	30.000 unidades	R$ 1,40
2/12/2014	Compras	20.000 unidades	R$ 1,50
31/12/2015	Saldo final	11.000 unidades	

O estoque é avaliado pela média ponderada fixa.

Com base nos dados informados, o custo das mercadorias vendidas, no mês de dezembro, é de:

a. R$ 55.500,00
b. R$ 56.050,00
c. R$ 56.160,00
d. R$ 56.600,00

Resolução

Quantidade	Valor unitário	Total
30.000	1,40	42.000 (a)
20.000	1,50	30.000 (b)
50.000	72.000/50.000 = 1,44	72.000 (a+b)
11.000	1,44	15.840 (c)
		72.000 − 15.840 = 56.160

Gabarito: c.

Questão 9

(Técnico/2015.1) Uma sociedade empresária apresenta os seguintes dados:

- Estoque inicial de mercadorias: R$ 100.000,00.
- Custo das mercadorias vendidas: R$ 250.000,00.
- Compras de mercadorias: R$ 340.000,00.
- Lucro bruto: R$ 140.000,00.

Com base nos dados informados, o valor da receita com vendas, desconsiderando os efeitos tributários, é de:

a. R$ 330.000,00
b. R$ 390.000,00
c. R$ 580.000,00
d. R$ 730.000,00

Resolução

- Estoque inicial de mercadorias: R$ 100.000,00.
- Custo das mercadorias vendidas: R$ 250.000,00.
- Compras de mercadorias: R$ 340.000,00.
- Lucro bruto: R$ 140.000,00.
  DRE
  Vendas: R$ 390.000,00
  (–) CMV: – R$ 250.000,00
  (=) Lucro bruto: R$ 140.000,00
  Gabarito: b.

Questão 10

(Técnico/2015.1) Em janeiro de 2015, uma indústria produziu 1.100 unidades de seu único produto. Nesse mês, não havia estoque inicial e ficaram 110 unidades acabadas e não vendidas até o dia 31.

Os custos do mês de janeiro foram:

- Mão de obra variável: R$ 63.800,00.
- Matéria-prima: R$ 55.000,00.
- Outros custos variáveis: R$ 28.600,00.
- Custos fixos: R$ 33.000,00.

Os valores totais do estoque final pelo custeio por absorção e pelo custeio variável são, respectivamente:

a. R$ 18.040,00 e R$ 14.740,00
b. R$ 15.180,00 e R$ 11.880,00
c. R$ 14.740,00 e R$ 18.040,00
d. R$ 11.880,00 e R$ 15.180,00

Resolução
- Eipa: 0 unidade.
- EFPA: 110 unidades.
- Produção: 1.100 unidades.
- Mão de obra variável: R$ 63.800,00.
- Matéria-prima: R$ 55.000,00.
- Outros custos variáveis: R$ 28.600,00.
- Custos fixos: R$ 33.000,00.
Absorção
- Mão de obra variável: R$ 63.800,00.
- Matéria-prima: R$ 55.000,00.
- Outros custos variáveis: R$ 28.600,00.
- Custos fixos: R$ 33.000,00.
- Custos totais: R$ 180.400,00.
- Custos unitário: R$ 164,00.
- Estoque final: R$ 18.040,00.
Variável
- Mão de obra variável: R$ 63.800,00.
- Matéria-prima: R$ 55.000,00.
- Outros custos variáveis: R$ 28.600,00.
Custos fixos
- Custos totais: R$ 147.400,00.
- Custos unitário: R$ 134,00.
- Estoque final: R$ 14.740,00.
Gabarito: a.

Questão 11

(Técnico em Contabilidade/2012) Uma indústria que utiliza todos os seus equipamentos para a elaboração de três produtos distintos, em seu último relatório, apresentava, entre outras, as seguintes contas:

- Comissão de vendedores: R$ 7.250,00.
- Depreciação de máquinas e equipamentos da unidade fabril: R$ 3.450,00.
- FGTS sobre mão de obra da produção: R$ 3.000,00.
- Mão de obra da produção: R$ 31.200,00.
- Depreciação dos demais bens da área administrativa: R$ 850,00.

- Salários da área administrativa: R$ 18.300,00.
- Matéria-prima consumida: R$ 68.700,00.
- Mão de obra – supervisão e movimentação da unidade fabril: R$ 5.900,00.
- Previdência Social sobre mão de obra da unidade fabril: R$ 9.800,00.

No conjunto de contas de resultado acima, o total de custos e o de despesas são, respectivamente:

a. R$ 113.150,00 e R$ 35.300,00
b. R$ 116.150,00 e R$ 32.300,00
c. R$ 118.600,00 e R$ 26.400,00
d. R$ 122.050,00 e R$ 26.400,00

Resolução

Custos
- Depreciação de máquinas e equipamentos da unidade fabril: R$ 3.450,00.
- FGTS sobre mão de obra da produção: R$ 3.000,00.
- Mão de obra da produção: R$ 31.200,00.
- Matéria-prima consumida: R$ 68.700,00.
- Mão de obra – supervisão e movimentação da unidade fabril: R$ 5.900,00.
- Previdência Social sobre mão de obra da unidade fabril: R$ 9.800,00.
- Total de custos: R$ 122.050,00.

Despesas
- Comissão de vendedores: R$ 7.250,00.
- Depreciação dos demais bens da área administrativa: R$ 850,00.
- Salários da área administrativa: R$ 18.300,00.
- Total de despesas: R$ 26.400,00.
Gabarito: d.

Questão 12a

(Bacharel em Contabilidade/2001) Indique, respectivamente, a alternativa que concentra os custos apropriados à produção e os custos dos produtos vendidos:

a. R$ 589.000,00 e R$ 615.000,00
b. R$ 592.000,00 e R$ 655.000,00
c. R$ 593.000,00 e R$ 635.000,00
d. R$ 595.000,00 e R$ 635.000,00
Gabarito: d.

Questão 12b

(Bacharel em Contabilidade/2001) Indique o total dos custos dos produtos fabricados:

a. R$ 535.000,00
b. R$ 615.000,00
c. R$ 635.000,00
d. R$ 655.000,00
Gabarito: b.

Questão 12c

(Bacharel em Contabilidade/2001) Indique o lucro bruto da empresa:

a. R$ 5.000,00
b. R$ 15.000,00
c. R$ 35.000,00
d. R$ 55.000,00
Gabarito: b.

Resolução

Custos apropriados à produção no período compreendem matéria-prima consumida + mão de obra direta aplicada + gastos gerais de fabricação. Dessa forma, temos:

- Materiais diretos: 400.000,00.
- Mão de obra direta: 15.000,00.
- Depreciação de equipamentos da fábrica: 25.000,00.
- Energia elétrica consumida na fábrica: 80.000,00.
- Materiais indiretos: 3.000,00.
- Mão de obra indireta: 70.000,00.
- Custos apropriados à produção no período: 595.000,00.

O custo da produção acabada será: estoque inicial de produtos em elaboração + custos apropriados à produção no período − estoque final de produtos em elaboração:

40.000,00 + 595.000,00 − 20.000,00 = 615.000,00

O CPV é dado por: estoque inicial de produtos acabados + custo da produção acabada − estoque final de produtos acabados:

40.000,00 + 615.000,00 − 20.000,00 = 635.000,00

O lucro bruto é dado por receita de vendas − CPV:

650.000,00 − 635.000,00 = 15.000,00

Respostas das questões de fixação

Capítulo 1

1. Defina receita.
   A receita é definida no pronunciamento conceitual básico *Estrutura conceitual para elaboração e divulgação de relatório contábil-financeiro* como aumento nos benefícios econômicos durante o período contábil, sob a forma de entrada de recursos ou aumento de ativos ou diminuição de passivos, que resultam em aumentos do patrimônio líquido da entidade e que não sejam provenientes de aporte de recursos dos proprietários da entidade. As receitas englobam tanto as receitas propriamente ditas quanto os ganhos. A receita surge no curso das atividades ordinárias da entidade e é designada por uma variedade de nomes: vendas, honorários, juros, dividendos e *royalties*. O objetivo desse pronunciamento é estabelecer o tratamento contábil de receitas provenientes de certos tipos de transações e eventos. Fonte: CPC30(R1) (CPC, 2015).
2. Defina despesa.
   Despesas são decréscimos nos benefícios econômicos durante o período contábil, sob a forma da saída de recursos ou da redução de ativos ou assunção de passivos, que resultam em decréscimo do patrimônio líquido e que não estejam relacionados com distribuições aos detentores dos instrumentos patrimoniais. Fonte: CPC 00(R1) (CPC, 2015).
3. O que são ativos?
   Ativo é um recurso controlado pela entidade como resultado de eventos passados e do qual se espera que fluam futuros benefícios econômicos para a entidade.

O benefício econômico futuro incorporado a um ativo é o seu potencial em contribuir, direta ou indiretamente, para o fluxo de caixa ou equivalentes de caixa para a entidade. Tal potencial pode ser produtivo quando o recurso for parte integrante das atividades operacionais da entidade. Pode, também, ter a forma de conversibilidade em caixa ou equivalentes de caixa, ou ser capaz de reduzir as saídas de caixa, como no caso de processo industrial alternativo que reduza os custos de produção. Fonte: CPC 00(R1) (CPC, 2015).

4. O que são passivos?

Passivo é uma obrigação presente da entidade, derivada de eventos passados, cuja liquidação se espera que resulte na saída de recursos da entidade capazes de gerar benefícios econômicos.

Uma característica essencial para a existência de passivo é que a entidade tenha uma obrigação presente. Uma obrigação é um dever ou responsabilidade de agir ou de desempenhar uma dada tarefa de certa maneira. As obrigações podem ser legalmente exigíveis em consequência de contrato ou de exigências estatutárias.

Esse é normalmente o caso, por exemplo, das contas a pagar por bens e serviços recebidos. Entretanto, obrigações surgem também de práticas usuais do negócio, de usos e costumes, e do desejo de manter boas relações comerciais ou agir de maneira equitativa. Desse modo, se, por exemplo, a entidade decidir, por questão de política mercadológica ou de imagem, retificar defeitos em seus produtos, mesmo quando tais defeitos tenham se tornado conhecidos depois da expiração do período da garantia, as importâncias que espera gastar com os produtos já vendidos constituem passivos. Fonte: CPC 00(R1) (CPC, 2015).

5. O que é patrimônio líquido?

Patrimônio líquido é o interesse residual nos ativos da entidade depois de deduzidos todos os seus passivos.

Embora o patrimônio líquido seja definido no item 4.4 como algo residual, ele pode ter subclassificações no balanço patrimonial. Por exemplo, na sociedade por ações, recursos aportados pelos sócios, reservas resultantes de retenções de lucros e reservas representando ajustes para manutenção do capital podem ser demonstrados separadamente. Tais classificações podem ser relevantes para a tomada de decisão dos usuários das demonstrações contábeis quando indicarem restrições legais ou de outra natureza sobre a capacidade que a entidade tem de distribuir ou aplicar de outra forma os seus recursos patrimoniais. Podem também refletir o fato de que determinadas partes com direitos de propriedade sobre a entidade têm direitos diferentes com relação ao recebimento de dividendos ou ao reembolso de capital.

Capítulo 2

1. Quando as despesas devem ser reconhecidas?

   As despesas devem ser reconhecidas na demonstração do resultado quando implicarem decréscimo nos benefícios econômicos futuros, relacionado com o decréscimo de um ativo ou o aumento de um passivo, e puderem ser mensuradas com confiabilidade. Isso significa, na prática, que o reconhecimento da despesa ocorre simultaneamente com o reconhecimento de aumento nos passivos ou de diminuição nos ativos (por exemplo, a alocação por competência de obrigações trabalhistas ou da depreciação de equipamento). Fonte: CPC 00(R1) (CPC, 2015).

2. Diferencie custos de despesas.

   Custo é a soma dos gastos incorridos e necessários para a aquisição, conversão e outros procedimentos indispensáveis para trazer os estoques a sua condição e localização atuais e compreende todos os gastos incorridos na sua aquisição ou produção, de modo a colocá-los em condições de serem vendidos, transformados, utilizados na elaboração de produtos ou na prestação de serviços que façam parte do objeto social da entidade, ou realizados de qualquer outra forma. Fonte: Ibracon (2015).

   A diferença básica é que os custos estão diretamente ligados à atividade fim da empresa, ou processo produtivo, já as despesas são os esforços demandados, geralmente, para se administrar ou dar apoio à atividade fim da empresa.

3. Diferencie custo direto de custo indireto.

   Custo direto: conceito advindo do método de custeio direto (ou variável), sendo que pode ser perfeitamente identificável em cada produto ou serviço vendido em que se observam aqueles custos ocorridos diretamente na obtenção de um bem ou serviço, como matéria-prima e salários do pessoal da área produtiva.

   Custo indireto: são aqueles que, durante a fase produtiva, não podem ser economicamente identificados em cada unidade do bem ou serviço produzido ou vendido. Podem, em alguns casos, até incidir diretamente, porém apresentam dificuldade para controle individualizado, sendo preciso utilizar bases de rateio para sua alocação ao produto, por exemplo: aluguel das instalações industriais, depreciação de máquinas e equipamentos, seguros, material de consumo, salários e encargos dos mensalistas.

4. Quais as características do custo fixo?

    Custo fixo: são os gastos operacionais que ocorrem independentemente da produção, isto é, que permanecem inalterados independentemente do nível de utilização de sua capacidade de produção, como salário fixo ou mensal do pessoal de apoio e chefia, depreciação de máquinas e equipamentos, parte fixa da conta de energia elétrica. Curiosamente, podemos observar que "quanto maior for sua produção, menor será o custo fixo unitário. Assim, podemos dizer que são custos variáveis por unidade produzida".

5. Quais as características do custo variável?

    Custo variável: caracteriza-se pelos gastos diretamente relacionados à produção de um bem ou serviço, ou seja, só ocorre quando existe a produção deles. Como exemplos podem ser citados: matéria-prima e salário do pessoal da área produtiva (normalmente são horistas). Curiosamente, podemos observar que, "como o próprio nome diz, variam em função da produção. Assim, podemos dizer que são custos fixos por unidade produzida".

Capítulo 3

1. Quais as características do custeio por absorção?

    Tem como característica básica a incorporação (absorção) dos custos fixos aos produtos, ou seja, aumenta o valor do estoque e diminui o valor do custo do produto vendido no resultado, por exemplo.

2. Quais as características do custeio variável?

    Tem como característica a separação dos custos em variáveis (ou diretos) e fixos (ou indiretos). Os custos diretos recebem esse nome pois podem ser alocados diretamente aos produtos (logo, são os custos variáveis no total e fixos na unidade); dos que não podem ser diretamente alocados aos produtos, sendo assim, classificados como custos fixos ou despesas. Considera também as despesas variáveis como custo, desde que elas variem de acordo com o aumento da produção.

3. Quais as características do custeio baseado em atividades?

    Atribuir atividades como critério para a alocação e acumulação dos custos. Em outras palavras, o ABC tem como base a análise das atividades significativas da empresa. A ideia básica é que são as atividades que de fato provocam o consumo de recursos, e não os produtos. Conforme essas atividades forem requeridas, será formado o custo dos produtos. O custeio

ABC busca diminuir as distorções apuradas nos custos indiretos, oriundas de critérios de rateio arbitrários, além de auxiliar na medição da *performance* e na melhoria das informações referentes à produção e tomada de decisão.

4. O que compõe o valor das compras de matéria-prima (materiais diretos)? Exemplificando:
   - Valor da compra.
   - (–) Impostos recuperáveis.
   - (+) Valor do frete suportado pelo adquirente (subtraído do ICMS recuperável incidente na operação).
   - (+) Seguros.
   - (+) Carga, descarga e armazenagem.
   - (+) Gastos com o desembaraço aduaneiro (no caso de importação).
   - (–) Descontos incondicionais obtidos (descontos comerciais).
   - (=) Compras de materiais diretos.

5. Defina direcionador de custo, atividade, etapas de alocação de custos.

   Um direcionador de custo (*cost driver*) é um fator que influencia a quantidade de trabalho da empresa, podendo estar relacionado com o volume de produção ou não e de caráter específico à atividade com a qual se relaciona. Os direcionadores de custo podem ser divididos em dois grupos específicos: os direcionadores de transação e os direcionadores de duração.

   Uma atividade é a forma de a empresa utilizar seu tempo e recurso para o alcance de seus objetivos. Uma atividade, no entendimento do ABC, é uma combinação de recursos humanos, materiais, tecnológicos e financeiros para se produzirem bens ou serviços. Em resumo, é qualquer evento que cause o consumo de recursos indiretos.

   Um sistema de acumulação de custos representa a forma como os custos são transferidos aos produtos ou serviços.

   O sistema de acumulação de custos tem por objetivo a identificação, a coleta, o processamento, o armazenamento e a produção das informações para a gestão de custos.

   O tipo de sistema de acumulação de custo a ser implantado pela empresa é completamente dependente do serviço ou produto que por ela é produzido. O sistema de acumulação de custos representa o aspecto do registro ou de escrituração das informações relativas à gestão de custos.

Capítulo 4

1. Como o método Peps avalia o estoque?

   Nesse método de avaliação de estoques, como o próprio nome sugere, os produtos que foram primeiramente adicionados ao estoque serão os primeiros (teoricamente) a serem vendidos ou consumidos no processo produtivo. Ou seja, o registro contábil das vendas/consumo, para efeito de cálculo do *custo*, será feito pelo preço das primeiras compras adquiridas.

2. Como o método Ueps avalia o estoque?

   Nesse método de avaliação de estoques, como também o próprio nome sugere, os produtos que foram recentemente adicionados ao estoque serão os primeiros (teoricamente) a serem vendidos ou consumidos no processo produtivo. Ou seja, o registro contábil das vendas/consumo, para efeito de cálculo do *custo*, será feito pelo preço das últimas compras adquiridas.

3. Como o método MPM avalia o estoque?

   Também conhecido como custo médio ponderado, esse é o método mais prático, mais simples e o mais usado no controle de custos. Nesse método, não é necessário seguir uma cronologia de lançamentos para determinar o custo das mercadorias vendidas/consumidas. A cada aquisição, uma nova média do valor do estoque deverá ser efetuada.

4. Quais os impactos no resultado e nos estoques em cada um dos métodos (Peps, Ueps, MPM)?

   No método Peps pode haver superestimação dos estoques e menor alocação aos custos dos produtos vendidos, contribuindo para o aumento do lucro no resultado.

   No método Ueps acontece exatamente o oposto ao Peps: pode haver menor estimação dos estoques e maior alocação aos custos dos produtos vendidos, contribuindo para a diminuição do lucro no resultado.

   Na MPM haverá, como o nome já diz, uma média entre os dois critérios, afetando os estoques menos que o Ueps e mais que o Peps, e contribuindo para o aumento do lucro no resultado, em menor proporção do que no Peps e mais do que no Ueps.

5. Quais as divulgações requeridas nas notas explicativas relativas aos estoques?

   De acordo com o CPC 16(R1) (CPC, 2015), as demonstrações contábeis devem divulgar:
   - As políticas contábeis adotadas na mensuração dos estoques, incluindo formas e critérios de valoração utilizados.

- O valor total escriturado em estoques e o valor registrado em outras contas apropriadas para a entidade.
- O valor de estoques escriturados pelo valor justo menos os custos de venda.
- O valor de estoques reconhecido como despesa durante o período.
- O valor de qualquer redução de estoques reconhecida no resultado do período.
- O valor de toda reversão de qualquer redução do valor dos estoques reconhecida no resultado do período.
- As circunstâncias ou os acontecimentos que conduziram à reversão de redução de estoques.
- O montante escriturado de estoques dados como penhor de garantia a passivos.

Capítulo 5

1. Defina perda.
   A perda pode ser entendida como o consumo anormal de algum ativo, por exemplo, estoques: incêndio, furto etc.
2. Quais os tipos de perda?
   A perda normal, também denominada produtiva, é relativa ao processo normal de produção, sendo contabilizada como custo. Essa perda representa um gasto normal inerente à fabricação, sendo considerada parte do custo. Por exemplo, teríamos as sobras dos cortes de tecidos utilizados numa indústria de roupas, que seriam registradas como custo de matéria-prima.
   A perda anormal, também conhecida como improdutiva, ocorre de forma involuntária e aleatória.
3. Cite exemplos de perdas anormais.
   Incêndios nos estoques, furto, força da natureza (tempestades, inundações etc.).
4. O que é subproduto?
   Subprodutos são itens que nascem de forma normal durante a produção e que têm um mercado de venda relativamente estável. Essas são as características básicas. Outro ponto importante: representam uma porção não significativa (ínfima) do faturamento total da empresa. Por não ser significativo, não são atribuídos custos de produção aos subprodutos.
5. Quais os fatores característicos para definição de sucata?
   Sucatas apresentam pelo menos um dos fatores:

- Flutuação ou inexistência do preço de venda.
- Não ocorrência de estabilidade para a sua comercialização.
- Existência apenas eventual de compradores.

PARTE II

DECISÕES FINANCEIRAS DE CURTO PRAZO

CAPÍTULO 7

Introdução à análise decisorial

O objetivo deste capítulo é apresentar os principais aspectos que envolvem a tomada de decisão, possibilitando ao leitor:
- ✓ Entender o processo básico para tomada de decisão.
- ✓ Introduzir os conceitos de margem de contribuição, alavancagem, restrição e *mix* de produtos.
- ✓ Refletir sobre produzir ou terceirizar no âmbito do processo produtivo.

Qualquer decisão que envolva mudança substancial de custos em função de alterações de volume de vendas ou produção pode ser analisada por meio do custeio variável, dentro do intervalo de significância dos custos fixos. Essas decisões podem ser quanto a:

- Preço e *mix* de produtos.
- Pedidos especiais.
- Lançamento de produtos.
- Retirada de produto de linha.
- Comprar ou produzir.

Cada uma dessas decisões envolve a análise dos custos variáveis associados a elas ou dos custos fixos incrementais ou evitáveis, no caso da decisão tomada.

A gestão financeira de curto prazo em uma empresa envolve uma série de fatores determinantes e depende constantemente de objetiva e eficiente análise para que a tomada de decisão seja a melhor possível. Assim, como utilizar os modelos adequados para essa decisão de curto prazo?

Na Parte I foram apresentados os conceitos básicos sobre contabilidade, em específico a parte de custos; assim, as decisões financeiras de curto prazo podem ser mais facilmente analisadas em função do sistema de custeio variável.

MODELO DE APURAÇÃO DE RESULTADOS

O Quadro 7.1 apresenta os itens do modelo de apuração de resultados.

QUADRO 7.1 Itens do modelo de apuração de resultados

Descrição	Símbolo	Comentário
Volume de vendas ou produção	Q	Em unidades
Preço de venda	P	Unitário
Custo variável unitário	CVunit	Refere-se a custos e despesas
Custo variável total	CVt	Refere-se a custos e despesas totais
Margem de contribuição unitária	MCunit	MCunit = P − CVunit (o valor com que o produto contribui unitariamente para aumentar o lucro)
Margem de contribuição total	MCt	MCt = MCunit × Q

Logo:
Receita = P × Q.
(−) CV total = Q × CVunit.
(=) Margem de contribuição total (MC t) = MCunit × Q.
(−) Custos fixos totais (CFt).
(=) Lucro (Lajir = Ebit); lucro antes dos juros e IR.

Obs.: Não há uma análise de custos fixos por produto, ou seja, não se consideram os custos fixos unitários.

Exemplo

A empresa a seguir vende, normalmente, 10.000 unidades de seu produto, possui a estrutura de custos apresentada na Tabela 7.1 e quer saber quanto o seu lucro crescerá se aumentar as vendas em 20%.

Podemos verificar crescimento de 80% no seu lucro quando aumentar as vendas em 20%, mantendo-se a mesma estrutura de custos. Essa relação entre custos, vendas (volume) e lucros é denominada relação custo-volume-lucro (CVL).

TABELA 7.1 Estrutura de custos e vendas

Produto A	Normal	Aumento de 20%
Unidades (Q)	10.000	12.000
Preço de venda (P)	R$ 10,00	R$ 10,00
(–) Custos variáveis unitários (CVunit)	(R$ 6,00)	(R$ 6,00)
(=) Margem de contribuição (MCunit)	R$ 4,00	R$ 4,00
Margem de contribuição total (MCt)	R$ 40.000,00	R$ 48.000,00
(–) Custos fixos totais (CFt)	(R$ 30.000,00)	(R$ 30.000,00)
(=) Lucro antes dos juros e impostos (Lajir)	R$ 10.000,00	R$ 18.000,00

ALAVANCAGEM

Alavancagem é a capacidade da empresa de aumentar ou alterar o lucro em relação às vendas. No exemplo anterior, alavancagem = 80/20 = 4.

Nesse exemplo, podemos dizer que a empresa tem um grau de alavancagem (GAO) de quatro vezes (ou 4x).

O indicador GAO permite que se projete o lucro sem ter de montar toda a estrutura de uma DRE, por exemplo, o que possibilita maior agilidade para os tomadores de decisão.

Obs.: Em empresas bastante alavancadas, o lucro varia muito em relação às vendas.

Exemplo

A Tabela 7.2 apresenta um novo exemplo, em determinado supermercado.

TABELA 7.2 Exemplo com custo fixo por produto irrelevante

	Vinho	Café	Totais
Q (unidades)	1.000	3.000	
P	R$ 40,00	R$ 12,00	
(–) CVunit	(R$ 25,00)*	(R$ 7,00)*	
MCunit	R$ 15,00	R$ 5,00	
MCt (Q × MCunit)	R$ 15.000,00	R$ 15.000,00	R$ 30.000,00
(–) CFt	(R$ 18.000,00)	(R$ 2.000,00)	(R$ 20.000,00)
(=) Lajir	(R$ 3.000,00)	R$ 13.000,00	R$ 10.000,00

* Por exemplo: produto, impostos, comissão de venda etc.

O custo fixo por produto é irrelevante!

O modelo só considera o custo fixo total e o Lajir, e não por produto, para não distorcer o resultado. Assim, que decisão tomar em função dos preços? Decisões de preço:

- Mercado competitivo. Aumenta preço, a demanda diminui (retração).
- Principal item de pesquisa de mercado. Qual a variação do preço devido à redução do preço de mercado?
- Desnatação. Estratégia: desenvolver um produto com novo preço.
- Teste de mercado. Lançamento de um produto novo diferente para prever como o mercado reage.

Se o preço de um dos produtos aumentar, qual será a reação normal em um mercado competitivo? A Tabela 7.3 apresenta um panorama desse cenário.

TABELA 7.3 Exemplo de reação ao aumento do preço de produtos em um mercado competitivo

	Vinho	Café	Totais
Q (unidades)	950	3.000	
P	R$ 43,00	R$ 12,00	
(–) CVunit	(R$ 25,00)	(R$ 7,00)	
MCunit	R$ 18,00	R$ 5,00	
MCt (Q × MCunit)	R$ 17.100,00	R$ 15.000,00	R$ 32.100,00
(–) CFt	(R$ 18.000,00)	(R$ 2.000,00)	(R$ 20.000,00)
(=) Lajir	(R$ 900,00)	R$ 13.000,00	R$ 12.100,00

Houve aumento de preço do produto vinho, causando a diminuição da demanda em um mercado competitivo (de 1.000 unidades para 950 unidades).

DECISÕES DE *MIX* (MISTURA) DE PRODUTOS ENVOLVENDO RESTRIÇÕES

A ideia é: quanto vender de vinho e de café, seguindo o exemplo anterior? Exemplos de restrições:

- Você não pode vender mais porque o cliente só compra certa quantidade. O mercado só vende certa quantidade.
- As restrições de produção estão relacionadas a mão de obra, máquinas, insumos, matéria-prima, instalações. Por exemplo:

Capacidade máxima = 25.000 minutos-máquina

Aqui, temos uma restrição, pois a capacidade de produção está esgotada, ou seja, não se pode produzir mais que 25.000 minutos na máquina ou Mmaq.

Exemplo

Uma empresa produz dois produtos: bolsa e sapato. A Tabela 7.4 apresenta as informações referentes aos produtos.

TABELA 7.4 Informações dos produtos

	Bolsa	Sapato	Totais
Q	1.000	1.000	
P	R$ 100,00	R$ 70,00	
(–) CVunit	(R$ 40,00)	(R$ 40,00)	
MCunit	R$ 60,00	R$ 30,00	
MCt	R$ 60.000,00	R$ 30.000,00	R$ 90.000,00
(–) CFt			(R$ 80.000,00)
(=) Lajir			R$ 10.000,00
Mmaq (min-máq.)	20 Mmaq	5 Mmaq	
Totais	20.000 Mmaq	5.000 Mmaq	25.000 Mmaq (aqui temos uma restrição, pois a capacidade de produção está esgotada)

Agora, supondo que haja demanda para se vender:

- Bolsa: 1.500 unidades.
- Sapato: 1.500 unidades.

Qual *mix* vai deixar o Lajir máximo possível (maior lucro possível) em curto prazo? (Em longo prazo, a solução poderia ser a compra de mais uma máquina.)

Em um ambiente de restrição, pelo fato de o sapato usar 1/4 do tempo da bolsa, em primeiro lugar vamos produzir o máximo de sapatos.

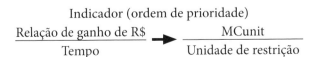

$$\frac{\text{Indicador (ordem de prioridade)}}{\text{Relação de ganho de R\$}} \longrightarrow \frac{\text{MCunit}}{\text{Unidade de restrição}}$$

Assim, vamos verificar qual é o maior retorno (R$) marginal em função da restrição Mmaq:

- Bolsa: R$ 60,00/20 min = R$ 3,00/min.
- Sapato: R$ 30,00/5 min = R$ 6,00/min (em primeiro, na produção).

Logo, para produzir uma bolsa consomem-se 20 minutos, o que representa um ganho de R$ 3,00 por minuto. Já o produto sapato apresenta um consumo de 5 minutos, o que representa um ganho de R$ 6,00 por minuto. Como a restrição é em função do tempo demandado na produção, deve-se priorizar a produção de sapatos. A margem de contribuição da bolsa é muito maior que a do sapato, isso é impossível! Não acredita? Vamos conferir.

Dando preferência à produção de sapatos:

Restrição = [25.000 Mmaq − (7.500 Mmaq = 1.500 sapatos × 5 Mmaq)] = 17.500 Mmaq
Capacidade de produção das bolsas = 17.500 Mmaq/20 Mmaq = 875 bolsas

Assim, teríamos a apuração de resultado vista na Tabela 7.5.

TABELA 7.5 Resultados da restrição dando preferência aos sapatos

	Sapato	Bolsa	Totais
Q	1.500	875	
P	R$ 70,00	R$ 100,00	
(−) CVunit	(R$ 40,00)	(R$ 40,00)	
MCunit	R$ 30,00	R$ 60,00	
MCt	45.000	52.500	R$ 97.500,00
(−) CFt			(R$ 80.000,00)
(=) Lajir			R$ 17.500,00

Como se pode perceber, o lucro foi superior ao original de R$ 10.000,00. Ainda não acredita? Vamos verificar o resultado, dando prioridade à produção de bolsas.

Dando preferência à produção de bolsas:

Restrição = [25.000 Mmaq/20 Mmaq] = 1.250 bolsas

Como não sobra tempo para a produção de sapatos, pois as bolsas consumirão todo o tempo da máquina, nenhum será fabricado.

Assim, teremos a apuração de resultado vista na Tabela 7.6.

TABELA 7.6 Resultados da restrição dando preferência às bolsas

	Sapato	Bolsa	Totais
Q	0	1.250	
P	R$ 70,00	R$ 100,00	
(–) CVunit	(R$ 0,00)	(R$ 40,00)	
MCunit	R$ 0,00	R$ 60,00	
MCt	0,00	75.000	R$ 75.000,00
(–) CFt			(R$ 80.000,00)
(=) Lajir			(R$ 5.000,00)

Observe que, se fosse dada prioridade à produção de bolsas, a empresa sairia de um lucro de R$ 10.000,00 para um prejuízo de R$ 5.000! Assim, a melhor opção é dar prioridade à produção de sapatos, pois seria mais rentável para a empresa (lucro de R$ 17.500,00).

Exemplo

A companhia Beta produz revestimentos e forros de PVC de três tipos diferentes: Standard, Standard Color e Lux. A Tabela 7.7 mostra informações sobre preços de venda e custos variáveis referentes a cada modelo.

TABELA 7.7 Informações sobre modelos dos produtos

	Preço por m^2	Custo variável por m^2	Custos fixos evitáveis (por mês)	Quantidade vendida por mês, em média (m^2)	hm necessárias para a produção de 1 m^2
Standard	R$ 15,00	R$ 10,00	R$ 4.000	5.000	0,6
Standard Color	R$ 20,00	R$ 13,00	R$ 10.500	1.500	0,8
Lux	R$ 22,00	R$ 14,00	R$ 2.000	3.000	1,0

hm: horas-máquina.

Os custos fixos totais somam R$ 60.000,00 por mês.

Capacidade total de horas-máquina por mês: 7.500 hm.

Possíveis vendas de cada modelo e preço correspondente, seguindo pesquisa de mercado e contrato com clientes exclusivos:

- Modelo Standard: vendas de até 8.000 m^2 se o preço cair para R$ 14,50 o m^2.
- Modelo Lux: vendas de 2.700 m^2 se o preço for de R$ 24 o m^2.

Qual seria a melhor projeção de vendas em termos de preços e volumes? Por quê? Vejamos a Tabela 7.8.

TABELA 7.8 Informações para projeção de vendas

	Standard	Color	Lux	Total
Q	5.000	1.500	3.000	
P	R$ 15,00	R$ 20,00	R$ 22,00	
(–) CVunit	(R$ 10,00)	(R$ 13,00)	(R$ 14,00)	
MCunit	R$ 5,00	R$ 7,00	R$ 8,00	
MCt	R$ 25.000,00	R$ 10.500,00	R$ 24.000,00	R$ 59.500,00
(–) CFt				(R$ 60.000,00)
= Lajir				(R$ 500,00) prejuízo
hm	0,6	0,8	1,0	
Total hm	3.000	1.200	3.000	7.200

hm: horas-máquina.

A capacidade total de hm/mês é de 7.500 (dado do problema), assim:

$$7.500 \text{ hm} - 7.200 \text{ hm} = 300 \text{ hm}$$

Portanto, está ocioso em 300 hm. Diante disso, vamos vislumbrar alguns cenários.

Cenário 1 (retirado do problema) – Modelo Standard: vendas de até 8.000 m² se o preço cair para R$ 14,50 por m²

Quantos m² do Standard pode-se produzir? 300 hm de capacidade ociosa/0,6 hm = + 500 m² de Standard.

Q	5.000 + 500 = 5.500
P	R$ 14,50
(–) CVunit	(R$ 10,00)
MCunit	R$ 4,50
MCt	R$ 24.750,00

Para avaliar a ordem de prioridade, temos de esgotar as prioridades!

- Para o Standard: MCunit/hm (unitário) = R$ 14,50/0,6 = R$ 7,50/m² (em terceiro).

- Para o Color: R$ 7,00/0,8 = R$ 8,75/m² (em primeiro).
- Para o Lux: R$ 8/1,0 = R$ 8,00/m² (em segundo).

Cenário 2 (retirado do problema) – Modelo Lux: vendas de 2.700 m² se o preço for de R$ 24,00 por m²
Verificando o modelo Lux (Tabela 7.9), vale a pena?

TABELA 7.9 Informações do produto Lux

	Standard	Color	Lux	Total
Q			2.700	
P			R$ 24,00	
(–) CVunit			(R$ 14,00)	
MCunit			R$ 10,00	
MCt	R$ 25.000,00*	R$ 10.500,00*	R$ 27.000,00	R$ 62.500,00
(–) CFt				(R$ 60.000,00)
= Lajir				R$ 2.500,00
hm	0,6	0,8	1,0	
Total hm	3.000	1.200	2.700	6.900

hm: horas-máquina. * Valor referente ao cenário inicial.

Capacidade ociosa = 7.500 – 6.900 = 600 horas-máquina (hm)

Cenário 3 (continuação do cenário 2) – Utilização das horas disponíveis do cenário 2

A Tabela 7.10 apresenta algumas informações para o cálculo da capacidade ociosa.

TABELA 7.10 Informações para cálculo da capacidade ociosa

	Standard	Color	Lux	Total
Q	5.000 + 1.000*	1.500	2.700	
P	R$ 14,50	R$ 20,00	R$ 24,00	
(–) CVunit	(R$ 10,00)	(R$ 13,00)	(R$ 14,00)	
MCunit	R$ 4,50	R$ 7,00	R$ 10,00	
MCt	R$ 27.000,00	R$ 10.500,00	R$ 27.000,00	R$ 64.500,00
(–) CFt				(R$ 60.00,00)
= Lajir				R$ 4.500,00

* Capacidade ociosa: 600 h/0,6 = + 1.000 m² do Standard.

Decisão de retirada de produto de linha
Verificar se, dentro do CF total, o custo fixo do produto tem grande influência. Custo fixo evitável = o custo fixo referente ao produto pode ser retirado quando o produto sair de linha.

MCt ⟶ MAIOR que ⟶ CFe (evitável):
Não vale a pena retirar o produto de linha

MCt ⟶ MENOR que ⟶ CFe (evitável):
Vale a pena retirar o produto de linha

Cenário 4 – Retirada do produto Color da linha de produção (pois a MCt do produto Color é menor que o CFe)
Pela ordem de prioridade, se for retirado o produto Color, da linha de produção a sua parte será absorvida pelo produto Lux, contudo, este já está no seu limite de 2.700 m^2 (conforme os dados do problema, permanecendo, então, igual).

Assim, deslocaremos a parte pertencente ao Color para o produto Standard, que tem capacidade de venda de até 8.000 m^2 (dado do problema), conforme apresentado na Tabela 7.11.

Horas disponíveis para o produto STD: capacidade total da linha de produção = 7.500 h
(–) Capacidade utilizada por Lux = (–) 2.700 h
Sobra de horas = 4.800 h
Possíveis m^2 para o produto Standard: = 4.800 h/0,6 hm = 8.000 m^2

TABELA 7.11 Cenário sem o produto Color

	Standard	Color	Lux	Total
Q	8.000	–	2.700	
P	R$ 14,50	–	R$ 24,00	
(–) CVunit	(R$ 10,00)	–	(R$ 14,00)	
MCunit	R$ 4,50	–	R$ 10,00	
MCt	R$ 36.000,00	–	R$ 27.000,00	R$ 63.000,00
(–) CFt				(R$ 49.500,00)*
= Lajir				R$ 13.500,00

* O custo fixo total era antes de R$ 60.000,00, mas como retiramos o produto Color da linha de produção vamos diminuir o custo fixo evitável (CFe) e ficamos com: R$ 60.000,00 – R$ 10.500,00 (CFe de Color) = R$ 49.500,00.

Conclui-se que, nesse exemplo, a melhor opção, do ponto de vista financeiro, é pela descontinuidade do produto Color, entretanto, lembramos que a empresa deve considerar também outros aspectos, além do financeiro, para basear a sua decisão.

No Capítulo 8, serão apresentados exercícios que envolvem essas decisões de curto prazo, em específico em função das variações (custos, preço, volume) dos produtos, mercadorias ou serviços que a empresa disponibiliza no mercado.

RESUMO DO CAPÍTULO

Neste capítulo, foram apresentados alguns exemplos para a tomada de decisão do ponto de vista financeiro.

A análise de cenário é importante quando se pretende enxergar qual produto deve ser priorizado e qual deve ser posto em segundo plano, em relação às vendas.

A segregação entre custos fixos e variáveis é importante no âmbito gerencial. O seu controle pode determinar o sucesso na fabricação de um produto em relação a outro, principalmente em relação aos custos evitáveis, se um deles não for mais produzido.

A margem de contribuição evidencia a parcela com que cada produto contribui para a absorção dos custos fixos; assim, sempre se deve privilegiar produtos com maior margem, do ponto de vista financeiro.

A alavancagem permite uma rápida projeção para a empresa, em relação às vendas e ao seu respectivo lucro.

Saiba mais...

O processo decisório em uma empresa pode acolher diversos fatores e responsabilidades. De acordo com Simon (1960), o processo decisório pode ser dividido em três etapas: prospecção, concepção e decisão. A prospecção parte da análise de um problema ou situação que exige solução. A concepção é a fase de criação de alternativas. A decisão é a fase de julgamento e avaliação das alternativas.

Existem outras fases ou procedimentos para a tomada de decisão? Pesquise outros autores e verifique o ponto de vista de cada um sobre o assunto.

Fonte: Simon (1960).

QUESTÕES DE FIXAÇÃO

1. Defina margem de contribuição.
2. Defina alavancagem.
3. O que é um fator restritivo?
4. Um produto que tem uma margem de contribuição maior que outro pode ser sempre a melhor opção para a produção?
5. O que é margem de contribuição por fator restritivo?

CAPÍTULO 8

Exercícios e questões

Exercício 1

A companhia Alfa Hardware produz três tipos de impressoras: L1, L2, L3. Dentro do segmento de impressoras, a Alfa Hardware, segundo pesquisas, tem o melhor preço e a melhor qualidade na linha profissional (L3). Na linha de consumo (L1), o preço é superior ao do mercado, enquanto o custo do material direto, para cada impressora L1, é o mais baixo. Pesquisas informam que a maioria das empresas abandonou a linha média (L2). A tabela a seguir dá informações sobre preços de venda e custos variáveis referentes a cada modelo, bem como sobre o volume de vendas.

	Preço (R$)	Custo variável (R$)	Custos fixos evitáveis (por mês), incluídos nos R$ 1.800.000 totais (R$)	Quantidade vendida por mês, em média	hm necessárias para a produção de 1 unidade
L1	500,00	300,00	200.000,00	5.000	1,1
L2	700,00	450,00	510.000,00	2.000	1,5
L3	1.000,00	700,00	200.000,00	1.500	2,1

hm: horas-máquina.

Os custos fixos totais somam R$ 1.800.000,00 por mês.
Capacidade total de horas-máquina por mês: 12.000.

A diretoria de marketing efetuou ampla pesquisa de mercado pela qual constatou que, se o preço do modelo L1 fosse reduzido para R$ 490,00, a empresa venderia até 6.000 unidades por mês. Quanto ao modelo L3, se o preço fosse aumentado para R$ 1.150,00, a queda nas vendas seria de 100 unidades por mês. A empresa quer avaliar a necessidade de alterar o *mix* e o preço dos produtos ou até mesmo tirar algum produto de linha, pois a unidade fabril não está correspondendo em termos de lucratividade em comparação a outras unidades da corporação, que atingem 10% de lucratividade sobre as vendas. Elabore o planejamento de vendas da Alfa para o próximo ano.

Resolução

Conforme os dados foram apresentados, o primeiro passo é organizá-los.

Produto	Preço (R$)	Custo variável (R$)	Custos fixos evitáveis (por mês), incluídos nos R$ 1.800.000 totais (R$)	Quantidade vendida por mês (em média)	hm necessárias para a produção de 1 unidade
L1	500,00	300,00	200.000,00	5.000	1,1
L2	700,00	450,00	510.000,00	2.000	1,5
L3	1.000,00	700,00	200.000,00	1.500	2,1

hm: horas-máquina.

Soma dos custos fixos: R$ 1.800.000,00.
Capacidade total de hm: 12.000.
Agora, o passo seguinte é apurar o total de hm com a atual demanda da empresa. Para isso, faz-se o cálculo da quantidade de vendas de produtos (em média) × a quantidade de hm necessárias para a produção de uma unidade. Logo, é consumido de hm:

Produto L1 = 5.000 (unidades) × 1,1 (hm) = 5.500 hm,
para produzir 5.000 unidades
Produto L2 = 2.000 (unidades) × 1,5 (hm) = 3.000 hm,
para produzir 2.000 unidades.
Produto L3 = 1.500 (unidades) × 2,1 (hm) = 3.150 hm,
para produzir 1.500 unidades.
Total de hm para a produção dos três produtos: 11.650

Uma vez calculado o total de hm demandadas na produção, verifica-se a capacidade ociosa da empresa.
Total de hm disponível – hm demandadas pela produção:

12.000 – 11.650 = 350 hm

Assim, a empresa tem 350 hm ociosa, ou seja, que não estão sendo usadas pela produção.

Agora que já temos os dados básicos, vamos verificar como ficaria uma demonstração do resultado do exercício (DRE) com o nível de produção atual:

	L1	L2	L3	Total
Quantidade	5.000	2.000	1.500	
Preço (R$)	R$ 500,00	R$ 700,00	1.000,00	
(–) CVunit	(R$ 300,00)	R$ (450,00)	(R$ 700,00)	
MCunit	R$ 200,00	R$ 250,00	R$ 300,00	
MCt	R$ 1.000.000,00	R$ 500.000,00	R$ 450.000,00	R$ 1.950.000,00
(–) CFt				(R$ 1.800.000,00)
(=) Lajir				R$ 150.000,00
hm	1,1	1,5	2,1	
Total hm	5.500	3.000	3.150	11.650

CVunit: custo variável unitário; MCunit: margem de contribuição unitária; MCt: margem de contribuição total; CFt: custos fixos totais; Lajir: lucro antes dos juros e impostos; hm: horas-máquina.

Podemos verificar um lucro de R$ 150.000,00 antes dos juros e impostos (Lajir). Essa será a base para comparação com os próximos cenários.

Cenário 1 – Redução de preço do produto L1 para R$ 490,00, demanda máxima de venda de 6.000 unidades e utilização das hm ociosas

Temos:

- Hm ociosas: 350.
- Unidade de hm para produção de uma unidade do produto L1: 1,1.

Logo:

- Total de unidade L1 que se pode produzir com o número de hm ociosas: 350/1,1 = 318,18.

Como não existe venda de 0,18 unidade de qualquer produto, devemos considerar somente a unidade inteira, assim, 318 unidades.

Nova DRE com esse cenário:

	L1	L2	L3	Total
Quantidade	5.318	2.000	1.500	
Preço (R$)	490,00	700,00	1.000,00	
(–) CVunit	(R$ 300,00)	(R$ 450,00)	(R$ 700,00)	
MCunit	R$ 190,00	R$ 250,00	R$ 300,00	
MCt	R$ 1.010.420,00	R$ 500.000,00	R$ 450.000,00	R$ 1.960.420,00
(–) CFt				(R$ 1.800.000,00)
(=) Lajir				R$ 160.420,00
hm	1,1	1,5	2,1	
Total hm	5.850	3.000	3.150	12.000

CVunit: custo variável unitário; MCunit: margem de contribuição unitária; MCt: margem de contribuição total; CFt: custos fixos totais; Lajir: lucro antes dos juros e impostos; hm: horas-máquina.

Podemos perceber que o Lajir subiu para R$ 160.420,00, o que é melhor em comparação à atual estrutura. Outro detalhe que pode ser apontado é que a diferença entre os Lajir é justamente a diferença na MCt do produto L1:

- Lajir original: R$ 150.000,00.
- Lajir cenário 1: R$ 160.420,00.
- Diferença: R$ 10.420,00.
- MCtotal original L1: R$ 1.000.000,00.
- MCtotal cenário 1 L1: R$ 1.010.420,00.
- Diferença: R$ 10.420,00.

Logo, seria interessante para a empresa diminuir o preço para R$ 490,00 e vender mais 318 unidades do produto L1.

Apurando-se a margem de contribuição unitária (MCunit) de cada produto, em função das hm, teríamos até então (MCunit/hm unit):

Cenário original

MCunit/hm unit L1 = 200,00/1,1 = R$ 181,81 (1º mais rentável)
MCunit/hm unit L2 = 250,00/1,5 = R$ 166,66 (2º mais rentável)
MCunit/hm unit L3 = 300,00/2,1 = R$ 142,86 (3º mais rentável)

Cenário 1

MCunit/hm unit L1 = 190,00/1,1 = R$ 172,73 (1º mais rentável)
MCunit/hm unit L2 = 250,00/1,5 = R$ 166,66 (2º mais rentável)
MCunit/hm unit L3 = 300,00/2,1 = R$ 142,86 (3º mais rentável)

Pode-se perceber que o produto L1 é o mais rentável em função das hm demandadas para produzir-se uma unidade. Logo, a empresa deve priorizar a produção deste produto.

Cenário 2 – Aumentar o preço de venda do produto L3 e diminuir as vendas para 1.400 unidades

Com esse novo cenário, a empresa teria uma modificação na margem de contribuição do produto L3. Vejamos a DRE do cenário original já com essa alteração:

	L1	L2	L3	Total
Quantidade	5.000	2.000	1.400	
Preço (R$)	500,00	700,00	1.150,00	
(–) CVunit	(R$ 300,00)	(R$ 450,00)	(R$ 700,00)	
MCunit	R$ 200,00	R$ 250,00	R$ 450,00	
MCt	R$ 1.000.000,00	R$ 500.000,00	R$ 630.000,00	R$ 2.130.000,00
(–) CFt				(R$ 1.800.000,00)
(=) Lajir				R$ 330.000,00
hm	1,1	1,5	2,1	
Total hm	5.500	3.000	2.940	11.440

CVunit: custo variável unitário; MCunit: margem de contribuição unitária; MCt: margem de contribuição total; CFt: custos fixos totais; Lajir: lucro antes dos juros e impostos; hm: horas-máquina.

Pode-se perceber que o Lajir apurado nesse cenário é de R$ 330.000,00, muito superior ao original de R$ 150.000,00. Outra questão é a margem do produto L3, que passou de R$ 300,00 para R$ 450,00. Repare que houve também um aumento na quantidade de hm ociosas, pois com a diminuição das vendas do produto L3 haverá 560 hm disponíveis para a produção (12.000 – 11.440 = 560 hm ociosas). Como o único produto que ainda pode ter uma demanda é o produto L1, se houver uma queda no seu preço de venda, passaremos para o cenário 2, com a utilização dessas hm ociosas para a produção do produto L1. Antes, porém, vamos verificar a MCunit em função das hm:

Cenário 2

MCunit/hm unit L1 = 190,00/1,1 = R$ 172,73 (2º mais rentável)
MCunit/hm unit L2 = 250,00/1,5 = R$ 166,66 (3º mais rentável)
MCunit/hm unit L3 = 450,00/2,1 = R$ 214,29 (1º mais rentável)

Houve uma mudança significativa na ordem prioritária da produção: agora o produto L3 é o mais rentável em função das hm, e o L2, o menos rentável.

Vejamos o cenário 2 com a produção de mais produtos L1, uma vez que o produto L3 já está no limite de sua demanda.

Cenário 2 ou 3 – Aumentar o preço de venda do produto L3 e diminuir as vendas para 1.400 unidades; usar as hm ociosas para a produção do produto L1

Vamos verificar quantas unidades do produto L1 poderão ser fabricadas e vendidas com as hm ociosas no cenário 2.

- hm ociosas: 560.
- hm para produzir uma unidade do produto L1: 1,1.

Logo:

$$560/1{,}1 = 509{,}09$$

Como não se pode vender 0,19 unidade do produto L1, serão consideradas somente as unidades inteiras, assim, serão produzidas 5.509 unidades (5.000 do cenário original mais 509 utilizando as hm ociosas). Como a demanda do produto L1 é de 6.000 unidades, se o preço de venda for R$ 490,00, é possível vender 5.509 unidades.

Vejamos como ficaria a DRE com essa possibilidade:

	L1	L2	L3	Total
Quantidade	5.509	2.000	1.400	
Preço (R$)	490,00	700,00	1.150,00	
(–) CVunit	(R$ 300,00)	(R$ 450,00)	(R$ 700,00)	
MCunit	R$ 190,00	R$ 250,00	R$ 450,00	
MCt	R$ 1.046.710,00	R$ 500.000,00	R$ 630.000,00	R$ 2.176.710,00
(–) CFt				(R$ 1.800.000,00)
(=) Lajir				R$ 376.710,00
hm	1,1	1,5	2,1	
Total hm	6.060*	3.000	2.940	12.000

CVunit: custo variável unitário; MCunit: margem de contribuição unitária; MCt: margem de contribuição total; CFt: cstos fixos totais; Lajir: lucro antes dos juros e impostos; hm: horas-máquina.* O valor foi arredondado para 6.060 hm, uma vez que o valor correto seria de 6059,9 hm. A diferença, nesse caso, não é significativa, pois não seria possível utilizar 0,1 hm para a produção de mais uma unidade do produto L1.

Com essa nova DRE, pode-se verificar novamente um aumento do Lajir, para R$ 376.710,00, superior aos R$ 150.000,00 do cenário original, aos R$ 160.420,00 do cenário 1, e aos R$ 330.000,00 do cenário 2.

Não houve alteração nas MCunit em função das hm nesse cenário.

A partir disso, a empresa já tem a resposta final sobre o seu Lajir máximo dentro das possibilidades. Mas não é bem assim, vamos verificar o último cenário, que apresentará a descontinuidade do produto L2, visto que ele é o que apresenta a menor MCunit em função das hm.

Cenário 3 – Descontinuidade do produto L2

Neste cenário, será considerada a descontinuidade da produção e venda do produto L2. Isso deve realmente ser feito? Para que possamos ter um embasamento para essa decisão, deve-se verificar os custos evitáveis desse produto, ou seja, verificar os custos que serão evitáveis única e exclusivamente referentes ao produto L2.

Conforme os dados apresentados, os custos evitáveis do produto L2 somam R$ 510.000,00. Entretanto, somente essa informação não basta, temos de verificar a sua margem de contribuição total (MCt). Se os custos forem superiores à sua margem de contribuição total, aí sim, esse produto pode ser considerado para fins de descontinuidade.

- Margem de contribuição total do produto L2: R$ 500.000,00.
- Custos evitáveis do produto L2: R$ 510.000,00.
- Decisão: descontinuar a produção, visto que custos > margem de contribuição.

Vejamos a DRE desse cenário:

	L1	L2	L3	Total
Quantidade	6.000	0	1.400	
Preço (R$)	490,00	700,00	1.150,00	
(–) CVunit	(R$ 300,00)	(R$ 450,00)	(R$ 700,00)	
MCunit	R$ 190,00	R$ 250,00	R$ 450,00	
MCt	R$ 1.140.000,00	R$ 0,00	R$ 630.000,00	R$ 1.770.000,00
(–) CFt				(R$ 1.290.000,00)
(=) Lajir				R$ 480.000,00
hm	1,1	1,5	2,1	
Total hm	6.600	0	2.940	9.540

CVunit: custo de variável unitário; MCunit: margem de contribuição unitária; MCt: margem de contribuição total; CFt: custos fixos totais; Lajir: lucro antes dos juros e impostos; hm: horas-máquina.

Com essa DRE, pode-se verificar um salto no Lajir para R$ 480.000,00, muito superior aos R$ 150.000,00 originais. Qual o motivo? Vamos verificar algumas informações relevantes:

1. Como o produto L2 será descontinuado, as suas hm foram direcionadas à produção do produto L1, atendendo, assim, à plenitude da demanda deste (6.000 unidades). Com isso, a empresa terá uma demanda de 6.600 hm (6.000 × 1,1 = 6.600).
2. Como o produto L2 será descontinuado, haverá sobra de hm, ou seja, terá hm ociosas (nesse caso, 2.460 hm, uma vez que a capacidade é de 12.000 hm, mas utiliza-se somente 9.540 hm; assim, 12.000 – 9.540 = 2.460 hm), o que pode favorecer o desenvolvimento de novos produtos ou até mesmo indicar ajustes a possíveis demandas futuras.
3. Os custos fixos totais somavam R$ 1.800.000,00, entretanto, os custos evitáveis do produto L2 foram removidos, assim, a empresa passa a ter um custo fixo total de R$ 1.290.000,00 (R$ 1.800.000,00 – R$ 510.000,00).

Logicamente, não se pode tomar uma decisão somente do âmbito financeiro, pois o produto L2 pode servir de "escada" para a venda dos demais produtos; porém, do ponto de vista financeiro, a empresa deve descontinuar a sua produção.

Exercício 2

A Schueler Máquinas é a maior fabricante nacional de enceradeiras industriais de baixa rotação. A tabela mostra as características dos três tipos de enceradeiras produzidos.

Tipos	Preço (R$)	Custo variável unitário (R$)	Unidades vendidas por mês, em média	hm necessárias para a produção de 1 unidade
S270	R$ 300,00	R$ 200,00	1.000	2
S350	R$ 400,00	R$ 300,00	700	3
S410	R$ 600,00	R$ 400,00	400	5

hm: horas-máquina.

Os custos fixos totais somam R$ 200.000,00 por mês.

A empresa está utilizando a capacidade máxima de horas-máquina (hm).

A diretoria de marketing efetuou pesquisa de mercado e constatou que, se o preço da S270 fosse reduzido para R$ 290,00, a empresa venderia até 1.250

unidades por mês. Se a S410 fosse vendida a R$ 700,00, a queda nas vendas seria de 100 unidades por mês.

Quais os preços e respectivas vendas a serem adotadas para gerar o maior lucro para a empresa? Elabore o orçamento de vendas e produção atendo-se às alterações propostas somente para a S410 e a S270.

Os custos fixos evitáveis da S350 totalizam R$ 105.000,00. Seria interessante para a empresa retirar essa enceradeira de linha? Explique. A empresa pode utilizar as horas-máquina disponíveis com a retirada da S350 para produzir os outros modelos.

Resolução

Conforme os dados foram apresentados, o primeiro passo é organizá-los.

Produto	Preço (R$)	Custo variável (R$)	Custos fixos evitáveis (por mês), incluídos nos R$ 200.000 totais (R$)	Quantidade vendida por mês (em média)	hm necessárias para a produção de 1 unidade
S270	300,00	200,00	Sem informação	1.000	2
S350	400,00	300,00	105.000	700	3
S410	600,00	400,00	Sem informação	400	5

hm: horas-máquina.

Soma dos custos fixos: R$ 200.000,00.

Capacidade total de hm: 6.100 (ver cálculo a seguir).

Agora, o passo seguinte é apurar o total de hm com a atual demanda da empresa. Para isso, faz-se o cálculo da quantidade de vendas de produtos (em média) × a quantidade de hm necessárias para a produção de 1 unidade. Logo, é consumido de hm:

Produto S270 = 1.000 (unidades) × 2 (hm) = 2.000 hm, para produzir 1.000 unidades

Produto S350 = 700 (unidades) × 3 (hm) = 2.100 hm, para produzir 700 unidades.

Produto S410 = 400 (unidades) × 5 (hm) = 2.000 hm, para produzir 400 unidades.

Total de hm para a produção dos três produtos = 6.100

Uma vez verificado o total de hm demandada na produção, verificou-se que não há hm ociosas na empresa, visto que está operando com a capacidade máxima.

Agora que já temos os dados básicos, vamos verificar como ficaria uma DRE com o nível de produção atual:

	S270	S350	S410	Total
Quantidade	1.000	700	400	
Preço (R$)	300,00	400,00	600,00	
(–) CVunit	(R$ 200,00)	(R$ 300,00)	(R$ 400,00)	
MCunit	R$ 100,00	R$ 100,00	R$ 200,00	
MCt	R$ 100.000,00	R$ 70.000,00	R$ 80.000,00	R$ 250.000,00
(–) CFt				(R$ 200.000,00)
(=) Lajir				R$ 50.000,00
hm	2	3	5	
Total hm	2.000	2.100	2.000	6.100

CVunit: custo variável unitário; MCunit: margem de contribuição unitária; MCt: margem de contribuição total; CFt: custos fixos totais; Lajir: lucro antes dos juros e impostos; hm: horas-máquina.

Podemos verificar um lucro de R$ 50.000,00 antes do Lajir. Essa será a base para comparação com os próximos cenários.

Cenário 1 – Redução de preço do produto S270 para R$ 290,00, demanda máxima de venda de 1.250 unidades e utilização das hm ociosas

Neste cenário não há possibilidade de alteração no aumento da produção, visto que a empresa está trabalhando com a quantidade máxima de hm, logo essa possibilidade é descartada, pois haveria somente a redução nas receitas e não haveria ganho em escala em virtude dessa restrição. R$ 290,00 × 1.000 = R$ 290.000,00 contra o total de R$ 300.000,00 (300,00 × 1.000) das receitas atuais.

Apurando-se a MCUnit de cada produto, em função das hm, teríamos até então (MCunit/hm unit):

Cenário original
MCunit/hm unit S270 = 100,00/2 = R$ 50,00 (1º mais rentável)
MCunit/hm unit S350 = 100,00/3 = R$ 33,33 (3º mais rentável)
MCunit/hm unit S410 = 200,00/5 = R$ 40,00 (2º mais rentável)

Cenário 1 (descartado)
MCunit/hm unit S270 = 90,00/2 = R$ 45,00 (1º mais rentável)
MCunit/hm unit S350 = 100,00/3 = R$ 33,33 (3º mais rentável)
MCunit/hm unit S410 = 200,00/5 = R$ 40,00 (2º mais rentável)

Pode-se perceber que o produto S270 é o mais rentável em função das hm demandadas para produzir uma unidade do produto. Logo, a empresa deve priorizar a produção deste produto.

Cenário 2 – Aumentar o preço de venda do produto S410 e diminuir as vendas para 300 unidades

Com este novo cenário, a empresa teria uma modificação na margem de contribuição do produto S410. Vejamos a DRE do cenário original já com essa alteração:

	S270	S350	S410	Total
Quantidade	1.000	700	300	
Preço (R$)	300,00	400,00	700,00	
(–) CVunit	(R$ 200,00)	(R$ 300,00)	(R$ 400,00)	
MCunit	R$ 100,00	R$ 100,00	R$ 300,00	
MCt	R$ 100.000,00	R$ 70.000,00	R$ 90.000,00	R$ 260.000,00
(–) CFt				(R$ 200.000,00)
(=) Lajir				R$ 60.000,00
hm	2	3	5	
Total hm	2.000	2.100	1.500	5.600

CVunit: custo variável unitário; MCunit: margem de contribuição unitária; MCt: margem de contribuição total; CFt: custos fixos totais; Lajir: lucro antes dos juros e impostos; hm: horas-máquina.

Pode-se perceber que o Lajir apurado nesse cenário é de R$ 60.000,00, superior ao original de R$ 50.000,00. Outra questão é a margem do produto S410, que passou de R$ 200,00 para R$ 300,00. Repare que houve também um aumento na quantidade de hm ociosas, pois, com a diminuição das vendas do produto S410, haverá 500 hm disponíveis para a produção (6.100 – 5.600 = 500 hm ociosas). Como o único produto que ainda pode ter uma demanda é o produto S270, se houver uma queda no seu preço de venda, passaremos para o cenário 2, com a utilização dessas hm ociosas para a produção do produto S270. Antes, porém, vamos verificar a MCunit em função das hm:

Cenário 2

MCunit/hm unit S270 = 90,00/2 = R$ 45,00 (2º mais rentável)
MCunit/hm unit S350 = 100,00/3 = R$ 33,33 (3º mais rentável)
MCunit/hm unit S410 = 300,00/5 = R$ 60,00 (1º mais rentável)

Houve uma mudança significativa na ordem prioritária da produção: agora o produto S410 é o mais rentável em função das hm, e o S350, o menos rentável. Vejamos o cenário 2, com a produção de mais produtos S270, uma vez que o produto S410 já está no limite de sua demanda.

Cenário 3 – Aumentar o preço de venda do produto S410, diminuir as vendas para 300 unidades e usar as hm ociosas para a produção do produto S270

Vamos verificar quantas unidades do produto S270 poderão ser fabricadas e vendidas com as hm ociosas no cenário 3.

- hm ociosas: 500.
- hm para produzir uma unidade do produto S270: 2.

Logo:

$$500/2 = 250$$

Como a demanda do produto S270 é de 1.250 unidades, se o preço de venda for R$ 290,00, logo, é possível vender 1.250 unidades.

Vejamos como ficaria a DRE com essa possibilidade:

	S270	S350	S410	Total
Quantidade	1.250	700	300	
Preço (R$)	290,00	400,00	700,00	
(–) CVunit	(R$ 200,00)	(R$ 300,00)	(R$ 400,00)	
MCunit	R$ 90,00	R$ 100,00	R$ 300,00	
MCt	R$ 112.500,00	R$ 70.000,00	R$ 90.000,00	R$ 272.500,00
(–) CFt				(R$ 200.000,00)
(=) Lajir				R$ 72.500,00
hm	2	3	5	
Total hm	2.500	2.100	1.500	6.100

CVunit: custo variável unitário; MCunit: margem de contribuição unitária; MCt: margem de contribuição total; CFt: custos fixos totais; Lajir: lucro antes dos juros e impostos; hm: horas-máquina.

Com essa nova DRE, pode-se verificar um aumento novamente do Lajir para R$ 72.500,00, superior aos demais R$ 50.000,00 do cenário original e aos R$ 60.000,00 do cenário 2.

Não houve alteração nas MCt em função das hm nesse cenário.

A partir disso, a empresa já tem a resposta final sobre o seu Lajir máximo dentro das possibilidades. Mas não é bem assim, vamos verificar o último cenário, que apresentará a descontinuidade do produto S350, visto que ele é o que apresenta a menor MCt em função das hm.

Cenário 4 – Descontinuidade do produto S350

Neste cenário, será considerada a descontinuidade da produção e venda do produto S350. Isso realmente deve ser feito? Para que possamos ter um embasamento para essa decisão, deve-se verificar os custos evitáveis desse produto, ou seja, verificar os custos que serão evitáveis única e exclusivamente referentes ao produto S350.

Conforme os dados apresentados, os custos evitáveis do produto S350 somam R$ 105.000,00. Entretanto, somente essa informação não basta, temos de verificar a sua margem de contribuição total. Se os custos forem superiores à sua margem de contribuição total, aí sim, esse produto pode ser considerado para fins de descontinuidade.

- Margem de contribuição total do produto S350: R$ 70.000,00.
- Custos evitáveis do produto S350: R$ 105.000,00.
- Decisão: descontinuar a produção, visto que custos > margem de contribuição.

Vejamos a DRE desse cenário:

	S270	S350	S410	Total
Quantidade	1.250	0	300	
Preço (R$)	290,00	400,00	700,00	
(–) CVunit	(R$ 200,00)	(R$ 300,00)	(R$ 400,00)	
MCunit	R$ 90,00	R$ 100,00	R$ 300,00	
MCt	R$ 112.500,00	R$ 0,00	R$ 90.000,00	R$ 202.500,00
(–) CFt				(R$ 95.000,00)
(=) Lajir				R$ 107.500,00
hm	2	3	5	
Total hm	2.500	0	1.500	4.000

CVunit: custo variável unitário; MCunit: margem de contribuição unitária; MCt: margem de contribuição total; CFt: custos fixos totais; Lajir: lucro antes dos juros e impostos; hm: horas-máquina.

Com essa DRE, pode-se verificar um salto no Lajir para R$ 107.500,00, muito superior aos R$ 50.000,00 originais. Qual o motivo? Vamos verificar algumas informações relevantes:

1. Como o produto S350 será descontinuado, as suas hm não podem ser direcionadas à produção do produto S270, visto que a plenitude de sua demanda já foi atendida (1.250 unidades).
2. Como o produto S350 será descontinuado, haverá sobra de hm, ou seja, haverá hm ociosas (nesse caso, 2.100 hm, uma vez que a capacidade é de 6.100 hm, mas utilizam-se somente 4.000 hm; assim, 6.100 − 4.000 = 2.100 hm), o que pode favorecer o desenvolvimento de novos produtos ou até mesmo indicar ajustes a possíveis demandas futuras.
3. Sobre os custos fixos, houve a remoção de R$ 105.000,00 do total de R$ 200.000,00, visto que esse valor era atribuído somente ao produto S350, assim, os custos fixos totais agora somam R$ 95.000,00 (R$ 200.000,00 − R$ 105.000,00).

Logicamente, não se pode tomar uma decisão somente do âmbito financeiro, pois o produto S350 pode servir de "escada" para a venda dos demais produtos, entretanto, do ponto de vista financeiro, a empresa deve descontinuar a sua produção.

Respostas das questões de fixação

Capítulo 7

1. Defina margem de contribuição.
   A margem de contribuição é a diferença entre o preço de venda e os custos e despesas diretos (ou variáveis) de um produto ou serviço. Recebe esse nome devido à sua contribuição para a absorção dos custos fixos que não são diretamente alocados aos produtos ou serviços em uma empresa.
2. Defina alavancagem.
   É a capacidade da empresa de aumentar ou alterar o lucro em relação às vendas.
3. O que é um fator restritivo?
   Um fator restritivo ocorre quando uma empresa não dispõe dos recursos necessários para a sua plena produção. Por exemplo, se uma empresa precisa de determinada matéria-prima para confeccionar o seu produto, e no

momento essa matéria-prima está em falta no mercado, isso será um fator restritivo. Outro exemplo é a quantidade de horas produtivas de que a empresa dispõe.

4. Um produto que tem uma margem de contribuição maior que outro pode ser sempre a melhor opção para a produção?

Não, pois a empresa pode estar operando com restrição de insumos; assim, deverá dar prioridade ao produto que tiver a maior margem por fator restritivo. Por exemplo: uma empresa produz dois produtos, A e B. Ambos são feitos com a mesma matéria-prima X. O produto A consome 0,5 kg, e o B consome 0,25 kg dessa matéria-prima X. A margem de contribuição unitária do produto A é de R$ 30,00 e a do produto B é de R$ 20,00. Dividindo a margem de contribuição unitária em função do consumo da matéria-prima, será possível verificar que o produto B apresenta a maior margem de contribuição: produto A = 30,00/0,5 kg = R$ 60,00; produto B = 20,00/0,25 kg = R$ 80,00.

5. O que é margem de contribuição por fator restritivo?

É a margem de contribuição que considera o fator restritivo para se chegar ao valor correto para a maximização do lucro. Serve para auxiliar em qual produto dar prioridade na produção e vendas. Exemplo dado na questão 4.

Glossário

A

Ação: representa a parcela de certa fração do capital de uma sociedade anônima (aberta ou fechada), podendo ser preferencial ou ordinária. Nas preferenciais, o detentor tem o direito de receber um percentual fixo de lucros antes da distribuição dos dividendos, por abrir mão das prerrogativas diretivas. As ordinárias são as que concedem aos proprietários o direito de participar da indicação de membros da diretoria executiva; por outro lado, somente têm direito à distribuição de dividendos depois do percentual prioritário os detentores das ações preferenciais.

Acionista majoritário: é a pessoa física ou jurídica detentora de mais da metade das ações de uma sociedade anônima (aberta ou fechada) e, portanto, é detentora do controle acionário da mesma. Outra forma de definir é dizer que determinado acionista individual tem percentual maior que qualquer outro.

Acionista minoritário: é qualquer detentor de ações de uma sociedade anônima (aberta ou fechada) que não seja majoritário.

Ações (ou quotas) em tesouraria: instrumentos patrimoniais (de capital), como ações ou quotas da própria entidade, possuídos pela entidade ou outros membros do grupo consolidado.

Adoção inicial da contabilidade para PME: situação em que a entidade apresenta, pela primeira vez, suas demonstrações contábeis anuais de acordo com a NBC TG 1.000 – *Contabilidade para pequenas e médias empresas*, independentemente de ter sido o seu arcabouço contábil anterior o IFRS completo ou outra prática contábil.

Ágio por expectativa de rentabilidade futura (fundo de comércio ou *goodwill*): benefícios econômicos futuros decorrentes de ativos que não são passíveis de ser individualmente identificados nem separadamente reconhecidos. O *goodwill* é composto por bens intangíveis que valorizam a empresa e o negócio, como o bom relacionamento com os clientes, o moral elevado dos empregados, o bom conceito nos meios empresariais, a boa localização etc.

Amortização: representa a conta que registra a diminuição do valor dos bens intangíveis registrados no ativo permanente; a perda de valor de capital aplicado na aquisição de direitos de propriedade industrial ou comercial e quaisquer outros, com existência ou exercício de duração limitada.

Análise horizontal: busca demonstrar a evolução ao longo dos exercícios subsequentes, sendo que o ano mais antigo como referência de comparação é de base 100 (ou seja, 100%).

Análise vertical: tem por objetivo demonstrar qual é a participação de cada conta em relação ao total do ativo ou passivo, conforme o caso. Em termos das contas de resultado (receitas e despesas), o comparativo se dá comparando cada conta em relação às receitas operacionais líquidas (ou seja, receita bruta menos deduções de devoluções e impostos).

Arrendamento mercantil: acordo por meio do qual o arrendador transfere ao arrendatário, em troca de pagamento ou série de pagamentos, o direito de uso de determinado ativo por um período de tempo acordado entre as partes. Também conhecido como *leasing*.

Arrendamento mercantil financeiro: arrendamento que transfere substancialmente todos os riscos e benefícios vinculados à posse do ativo. O título de propriedade pode ou não ser futuramente transferido. Contabilmente, essa operação caracteriza um financiamento em que o bem deve, inclusive, ser ativado.

Arrendamento mercantil operacional: arrendamento que não transfere substancialmente todos os riscos e benefícios inerentes à posse do ativo. É a operação de *leasing* propriamente dita, na qual se realiza um simples aluguel do bem.

Atividade de financiamento: atividade que resulta em alterações no tamanho e na composição do patrimônio integralizado e dos empréstimos da entidade. São os recursos obtidos do passivo não circulante e do patrimônio líquido. Devem ser incluídos aqui os empréstimos e financiamentos de curto prazo. As saídas correspondem à amortização dessas dívidas, e os valores pagos, aos acionistas a título de dividendos, distribuição de lucros.

Atividade de investimento: aquisição e alienação de ativos de longo prazo e de outros investimentos não incluídos em equivalentes de caixa. São os gastos efetuados no realizável a longo prazo, em investimentos, no imobilizado ou no intangível, bem como as entradas por venda dos ativos registrados nos referidos subgrupos de contas.

Atividade operacional: as principais atividades geradoras de receita da entidade e de outras atividades que não sejam atividades de investimento ou de financiamento. São explicadas pelas receitas e gastos decorrentes da industrialização, comercialização ou prestação de serviços da empresa. Essas atividades têm ligação direta com o capital circulante líquido da empresa.

Ativo: são todos os bens, direitos e valores a receber de uma entidade. Contas do ativo têm saldos devedores, à exceção das contas retificadoras (como depreciação acumulada e provisões para ajuste ao valor de mercado).

Ativo circulante: dinheiro em caixa ou em bancos; bens, direitos e valores a receber no prazo máximo de um ano, ou seja, realizáveis a curto prazo (duplicatas, estoques de mercadorias produzidas etc.); aplicações de recursos em despesas do exercício seguinte.

Ativo contingente: ativo possível, que resulta de acontecimentos passados e cuja realização será confirmada apenas pela ocorrência ou não de um ou mais acontecimentos futuros incertos, não totalmente sob controle da entidade.

Ativo diferido: subgrupo de contas do permanente que evidenciam os recursos aplicados na realização de despesas que, por contribuírem para a formação do resultado de mais de um exercício social futuro, somente são apropriadas às contas de resultado à medida que essa contribuição influencia a geração do resultado de cada exercício.

Ativo financeiro: qualquer ativo que seja dinheiro, instrumento patrimonial de outra entidade, direito contratual de receber dinheiro ou outro ativo financeiro de outra entidade, ou contrato que será ou poderá vir a ser liquidado pelos instrumentos patrimoniais (como ações) da própria entidade.

Ativo fiscal diferido: tributo recuperável em períodos futuros, referente a diferenças temporárias, compensação de prejuízos fiscais não utilizados e compensação de créditos fiscais não utilizados.

Ativo imobilizado: ativos tangíveis que são disponibilizados para uso na produção ou fornecimento de bens ou serviços, ou para locação por outros, para investimento, ou para fins administrativos. Espera-se que sejam usados por mais de um período contábil.

Ativo intangível: ativo identificável não monetário sem substância física. Tal ativo é identificável quando é separável, isto é, capaz de ser separado ou dividido da entidade e vendido, transferido, licenciado, alugado ou trocado, tanto individualmente quanto junto com contrato, ativo ou passivo relacionados; ou, ainda, quando origina direitos contratuais ou outros direitos legais, independentemente de esses direitos serem transferidos ou separáveis da entidade ou de outros direitos e obrigações.

Ativo não circulante: são incluídos nesse grupo todos os bens de permanência duradoura destinados ao funcionamento normal da sociedade e do seu empreendimento, assim como os direitos exercidos com essa finalidade. O ativo não circulante será composto pelos seguintes subgrupos: ativo realizável a longo prazo, investimentos, imobilizado, intangível.

Ativo permanente: grupo de contas que englobavam recursos aplicados em todos os bens ou direitos de permanência duradoura destinados ao funcionamento normal da sociedade e do seu empreendimento, assim como os direitos exercidos com essa finalidade. O ativo permanente era composto pelos subgrupos: investimentos, imobilizado, intangível e diferido. A partir de 4 de dezembro de 2008, tal terminologia foi extinta pela MP 449/2008, passando a integrar o ativo não circulante.

B

Balanço: é um quadro (mapa, gráfico etc.) onde é demonstrada a situação econômica/financeira da empresa ou entidade em determinada data. Comumente, diz-se que se trata da radiografia estática em determinado instante do patrimônio de uma empresa ou entidade. O balanço avalia a riqueza, isto é, o valor da empresa, mas não demonstra o seu resultado, apenas o apresenta em valor total, sendo a sua demonstração feita em outro documento, chamado demonstração de resultados. O balanço é composto por duas partes, que se encontram sempre em equilíbrio. O ativo é igual ao passivo mais o patrimônio líquido.

Balanço patrimonial: é a demonstração contábil destinada a evidenciar, qualitativa e quantitativamente, em determinada data, a posição patrimonial e financeira da entidade, isto é, apresenta a relação de ativos, passivos e patrimônio líquido de uma entidade em data específica.

Base fiscal: a mensuração, conforme lei fiscal aplicável, de ativo, passivo ou instrumento patrimonial.

Benefício a empregado: todas as formas de retribuição dada pela entidade em troca dos serviços prestados pelo empregado.

Benefício por desligamento: benefício a título de indenização por encerramento do contrato com empregados em virtude de decisão da entidade de terminar o vínculo empregatício do empregado antes da data normal de aposentadoria ou decisão do empregado de aderir à demissão voluntária em troca desse benefício.

Bens: tudo que seja capaz de satisfazer às necessidades humanas e suscetível de avaliação econômica.

Bens de consumo: no âmbito empresarial, são os não duráveis ou que são gastos ou consumidos no processo produtivo, uma vez que, depois de consumidos, representam despesas, como combustíveis e lubrificantes, material de escritório, material de limpeza etc. No âmbito da sociedade em geral, são considerados aqueles de subsistência e/ou de uso pessoal, como alimentação, vestimenta, higiene pessoal etc.

Bens de renda: não destinados aos objetivos da empresa, como os imóveis destinados a renda ou aluguel.

Bens fixos ou imobilizados: são os que representam os bens duráveis, com vida útil superior a um ano, por exemplo: imóveis, veículos, máquinas, instalações, equipamentos, móveis e utensílios.

Bens intangíveis: não têm existência física, porém representam uma aplicação de capital indispensável aos objetivos, como marcas e patentes, fórmulas ou processos de fabricação, direitos autorais, autorizações ou concessões, ponto comercial, fundo de comércio, benfeitorias em imóveis de terceiros, pesquisa e desenvolvimento de produtos/serviços, custo de projetos técnicos, despesas pré-operacionais, pré-industriais, organização, reorganização, reestruturação ou remodelação da empresa ou entidade.

C

Caixa: dinheiro em caixa e depósitos à vista.

Capacidade de produção: está diretamente relacionada à utilização que se faz da estrutura de produção da empresa. Dessa forma, no caso de empresas multiprodutoras, haverá tantos níveis de atividade (que são partições da capacidade total) quantas forem as combinações possíveis do *mix* de produtos (pois cada um dos bens ou serviços gerados utiliza, de forma mais ou menos diferenciada, os meios de produção disponíveis). Por outro lado, a unificação da produção permitirá a definição de capacidades individualizadas e homogêneas para as diversas operações realizadas por uma empresa ou entidade, o que facilitará e/ou viabilizará as análises gerais, específicas e comparativas de desempenho entre as unidades produtivas.

Capital de terceiros: representa recursos originários de terceiros utilizados na aquisição de ativos de propriedade da empresa ou entidade. Corresponde ao passivo exigível, ou seja, dívidas e obrigações.

Capital próprio: é todo recurso originário dos sócios ou acionistas da empresa ou entidade, bem como os decorrentes de suas operações sociais. Corresponde ao patrimônio líquido.

Capital social: é o valor previsto em contrato ou estatuto, que forma a participação (em dinheiro, bens ou direitos) dos sócios ou acionistas na empresa ou entidade.

Capital total à disposição da empresa: corresponde à soma do capital próprio com o capital de terceiros. É também igual ao total do ativo da empresa ou entidade.

Carta de correção: observemos o publicado no *Diário Oficial da União* de 4 de abril de 2007: "1. Ajuste SINIEF n. 1/2007, alterando disposições do Convênio S/N de 1970, com a instituição, em âmbito nacional, da Carta de Correção, a ser utilizada na regularização de erro ocorrido na emissão dos documentos fiscais. 2. Prevê a norma que a Carta de Correção não poderá ser utilizada quando o erro a ser regularizado estiver relacionado com: a) as variáveis que determinam o valor do imposto, tais como: base de cálculo, alíquota, diferença de preço, quantidade, valor da operação ou da prestação; b) a correção de dados cadastrais que implique mudança do remetente ou do destinatário; c) a data de emissão do documento fiscal ou de saída da mercadoria ou do serviço prestado. 3. Nota-se, assim, que a sua utilização foi limitada e que os contribuintes, em verdade, precisarão aguardar a alteração da legislação de cada estado para operacionalizar a aplicação da Carta de Correção regulamentada pelo Ajuste n. 1/2007."

Classe de ativos: grupo de ativos de natureza e uso similares nas operações da entidade.

Classificação das contas: as contas podem ser classificadas de acordo com vários critérios. Entretanto, aqui nos interessa classificá-las em dois grupos: patrimoniais (ativo e passivo) e de resultado (receitas, custos e despesas).

Coligada: entidade, incluindo aquela não constituída na forma de sociedade, sobre a qual o investidor tem influência significativa e que não é controlada, nem tem participação em empreendimento controlado em conjunto (*joint venture*).

Combinação de negócios: união de entidades ou negócios separados produzindo demonstrações contábeis de uma única entidade que reporta. Operação ou outro evento por meio do qual um adquirente obtém o controle de um ou mais negócios, independentemente da forma jurídica da operação.

Componente de entidade: operações e fluxos de caixa que podem ser claramente distinguidos, operacionalmente e para fins de demonstrações contábeis, das demais operações da entidade.

Compreensibilidade: a qualidade da informação de modo a torná-la compreensível por usuários que têm conhecimento razoável de negócios e atividades econômicas, bem como de contabilidade, e a disposição de estudar a informação com razoável diligência.

Conta: é o nome técnico dos componentes do balanço patrimonial, compreendidos por bens, direitos, obrigações e patrimônio líquido, bem como pelos elementos da demonstração de resultados, compreendidos por custos, despesas e receitas.

Conta de resultado: registra receitas, custos e despesas, permitindo demonstrar o resultado do exercício. Existem contas de resultado que podem aparecer tanto no grupo das despesas quanto no grupo das receitas. É o caso dos aluguéis, dos juros e dos descontos. A classificação adequada se dá por conta dos adjetivos utilizados em cada uma delas. Veja o caso da conta "aluguéis": se forem aluguéis passivos, é despesa; se forem aluguéis ativos, é receita.

Conta patrimonial: representa os elementos ativos e passivos, ou seja, bens, direitos, obrigações e/ou dívidas e situação líquida ou patrimônio líquido.

Conta retificadora do ativo: são contas redutoras classificadas no ativo, tendo saldos credores, por isso são demonstradas com o sinal (−).

Contabilidade: é a ciência que estuda e controla o patrimônio, objetivando representá-lo graficamente, evidenciar suas variações, estabelecer normas para a sua interpretação, analisar e auditar, bem como servir como instrumento básico para a tomada de decisões de todos os setores direta ou indiretamente envolvidos com pessoal, empresa ou entidade.

Contabilidade civil ou social: é exercida pelas pessoas que não têm como objetivo final o lucro, mas o instituto da sobrevivência ou bem-estar social.

Contabilidade privada: ocupa-se do estudo e registro dos fatos administrativos das pessoas de direito privado, tanto as físicas quanto as jurídicas, além da representação gráfica de seus patrimônios, dividindo-se em civil e comercial.

Contabilidade pública: ocupa-se do estudo e registro dos fatos administrativos das pessoas de direito público e da representação gráfica de seus patrimônios, visando a três sistemas distintos: orçamentário, financeiro e patrimonial, para alcançar os seus objetivos, ramificando-se, conforme a sua área de abrangência, em federal, estadual, municipal e autarquias.

Contrato de concessão de serviço: contrato por meio do qual o governo ou outro órgão do setor público contrata com operadora privada para desenvolver (ou aprimorar), operar e manter os ativos de infraestrutura do concedente, como ruas, pontes, túneis, aeroportos, empresas de geração, transmissão ou distribuição de energia, prisões, hospitais etc.

Contrato de construção: contrato especificamente negociado para a construção de ativo ou de combinação de ativos que estejam intimamente inter-relacionados ou interdependentes em termos da sua concepção, tecnologia e função ou do seu propósito ou utilização.

Contrato de seguro: contrato pelo qual uma parte (segurador) aceita um risco de seguro significativo de outra parte (segurado), aceitando indenizar o segurado no caso de evento específico, futuro e incerto (evento segurado) afetar adversamente o segurado.

Contrato oneroso: contrato em que os custos inevitáveis de atender às obrigações do contrato excedem os benefícios econômicos que se espera receber com ele.

Controlada: entidade, incluindo aquela sem personalidade jurídica, tal como uma associação, controlada por outra entidade (conhecida como controladora).

Controladora: entidade que possui uma ou mais controladas.

Controle (de entidade): poder de governar as políticas operacionais e financeiras da entidade de modo a obter benefícios de suas atividades.

Controle conjunto (*joint venture*): controle compartilhado ajustado em contrato sobre uma atividade econômica. Existe apenas quando as decisões financeiras e operacionais estratégicas relacionadas à atividade exigem o consentimento unânime das partes que partilham o controle (empreendedores).

Custo: são gastos realizados com bens ou serviços utilizados na produção de outros bens ou serviços, sendo expressos monetariamente pela multiplicação da quantidade dos fatores de produção pelos respectivos preços unitários, por exemplo: matéria-prima consumida na produção, salário do pessoal da produção, manutenção das máquinas de produção, aluguel da fábrica, energia elétrica etc.

Custo amortizado de ativo financeiro ou passivo financeiro: montante pelo qual o ativo financeiro ou o passivo financeiro é mensurado pelo valor de seu reconhecimento inicial, mais os juros acumulados com base no método da taxa efetiva de juros, menos as amortizações de principal, menos qualquer redução (direta ou por meio de conta de retificação) por ajuste ao valor recuperável ou impossibilidade de recebimento.

Custo atribuído (*deemed cost*): o valor justo remensurado de ativo na data da transição para as normas internacionais de contabilidade previstas na NBC TG 1.000, que trata da contabilidade para pequenas ou médias empresas.

Custo de produção: é obtido pelo somatório dos custos advindos do consumo de bens e serviços, por exemplo: matéria-prima, salários e encargos da área produtiva, depreciação e amortização de máquinas e equipamentos industriais, bem como gastos gerais de fabricação, na geração de bens e serviços vendidos.

Custo de reposição: critério de avaliação do custo de produção que leva em consideração os custos futuros, não observando os custos históricos dos itens consumidos. Podemos considerar o termo em inglês Nifo (*next in first out*), ou seja, o próximo produto a entrar é o primeiro a sair.

Custo direto: conceito advindo do método de custeio direto, sendo que pode ser perfeitamente identificável em cada produto ou serviço vendido, em que se observam aqueles custos ocorridos diretamente na obtenção de um bem ou serviço, como matéria-prima e salários do pessoal da área produtiva.

Custo fixo: são os gastos operacionais que ocorrem independentemente da produção; em outras palavras, os que permanecem inalterados independentemente do nível de utilização de sua capacidade de produção, como salário fixo ou mensal do pessoal de apoio e chefia, depreciação de máquinas e equipamentos, parte fixa da conta de energia elétrica. Curiosamente, podemos observar que quanto maior for sua produção, menor será o custo fixo unitário. Assim, podemos dizer que são custos variáveis por unidade produzida.

Custo indireto: são aqueles que, durante a fase produtiva, não podem ser economicamente identificados em cada unidade do bem ou serviço produzido ou vendido. Podem, em alguns casos, até incidir diretamente, porém apresentam dificuldade para controle individualizado, sendo preciso utilizar bases de rateio para sua alocação ao produto, como: aluguel das instalações industriais, depreciação de máquinas e equipamentos, seguros, material de consumo, salários e encargos dos mensalistas.

Custo médio: critério de apropriação de custos admitido pela legislação fiscal brasileira para apuração dos custos de estoque, que devem ser obtidos a partir de médias mensais das saídas após a obtenção dos custos médios unitários anteriores (custos dos estoques divididos pelas quantidades) adicionados das compras (em quantidades e valores totais), depois dividindo-se pelos valores pelas quantidades existentes.

Custo padrão: é a determinação antecipada dos componentes do produto, em quantidade e valor, apoiada na utilização de dados de várias fontes, com validade para determinado espaço de tempo.

Custo variável: caracteriza-se pelos gastos diretamente relacionados à produção de um bem ou serviço, ou seja, só ocorre quando existe a produção destes. Como exemplo podem ser citados: matéria-prima e salário do pessoal da área produtiva (normalmente são horistas). Curiosamente, podemos observar que, como o próprio nome diz, varia em função da produção. Assim, podemos dizer que são custos fixos por unidade produzida.

Custos dos empréstimos: juros e outros custos incorridos pela entidade com empréstimo de recursos.

D

Déficit: termo utilizado em finanças para representar o saldo negativo de operações financeiras de caixa e bancos. Em contabilidade pública, representa o equivalente ao prejuízo na empresa privada, ou seja, quando as despesas públicas superam as receitas públicas.

Demonstração de fluxo de caixa (DFC): relaciona o conjunto de ingressos (recebimentos) e desembolsos (pagamentos) financeiros de empresa em determinado período. Procura-se analisar todo deslocamento de cada unidade monetária dentro da empresa.

Demonstração de lucros ou prejuízos acumulados (DLPA): tem por objetivo demonstrar a movimentação da conta de lucros ou prejuízos acumulados, ainda não distribuídos aos sócios titulares ou aos acionistas, revelando os eventos que influenciaram a modificação do seu saldo. Essa demonstração deve, também, revelar o dividendo por ação do capital realizado.

Demonstração de mutações do patrimônio líquido (DMPL): fornece a movimentação ocorrida durante os exercícios nas contas componentes do patrimônio líquido, faz clara indicação do fluxo de uma conta para outra, além de indicar a origem de cada acréscimo ou diminuição no PL (patrimônio líquido).

Demonstração de origens e aplicações de recursos (Doar): tem por objetivo evidenciar, em determinado período, as modificações que originaram as variações no capital circulante líquido da empresa ou entidade. Outra finalidade é apresentar informações relacionadas às fontes (origens de recursos) e investimentos (aplicações de recursos) da empresa durante o exercício e onde esses recursos afetam o capital circulante líquido (CCL) da empresa.

Demonstração do resultado abrangente: demonstração que começa com lucro ou prejuízo do período e, a seguir, mostra os itens de outros resultados abrangentes do período.

Demonstração do resultado do exercício (DRE): destina-se a evidenciar a formação do resultado líquido do exercício, fazendo o confronto das receitas, custos e despesas apuradas, obedecendo ao regime de competência.

Demonstração do valor adicionado (DVA): evidencia, de forma sintética, os valores correspondentes à formação da riqueza gerada pela empresa em determinado período e sua respectiva distribuição.

Demonstrações contábeis (ou financeiras): representação monetária estruturada da posição patrimonial e financeira em determinada data e das transações realizadas por uma entidade no período findo nessa data.

Demonstrações contábeis combinadas: demonstrações contábeis de duas ou mais entidades controladas por um único investidor.

Demonstrações contábeis consolidadas: demonstrações contábeis da controladora e suas controladas apresentadas como se fossem uma única entidade.

Demonstrações contábeis intermediárias: demonstração contábil que contém um conjunto completo de demonstrações contábeis ou um conjunto de demonstrações contábeis condensadas para um período intermediário.

Demonstrações contábeis para fins gerais: demonstrações contábeis direcionadas às necessidades gerais de informação financeira de vasta gama de usuários que não estão em posição de exigir demonstrações feitas sob medida para atender a suas necessidades particulares de informação.

Demonstrações contábeis separadas: aquelas apresentadas por uma controladora, um investidor e um sócio com investimento em entidade controlada em conjunto, nas quais os investimentos são contabilizados com base na participação societária direta, em vez de se basear nos resultados declarados e nos ativos líquidos contábeis das entidades investidas.

Demonstrações financeiras básicas: balanço patrimonial, demonstração de resultado, demonstrações dos lucros ou prejuízos acumulados, demonstrações das mutações do patrimônio líquido, demonstrações das origens e aplicações dos recursos, notas explicativas.

Depreciação: apropriação aos custos ou despesas em determinado exercício fiscal decorrente de uso dos bens registrados no ativo permanente da empresa ou entidade.

Depreciação acumulada: representa o desgaste de bens físicos registrados no ativo permanente, pelo uso, por causas naturais ou por obsolescência, sendo considerada como conta redutora de cada uma das respectivas contas do ativo permanente.

Descontos: são despesas quando concedidos pela empresa, daí serem registrados na conta descontos concedidos. São receitas quando obtidos pela empresa, daí serem registrados na conta descontos obtidos.

Desembolso: é o pagamento por um bem ou serviço adquirido. Pode ocorrer antes, durante ou depois da aquisição. Assim, se comprarmos um bem à vista, o desembolso se dará durante a aquisição desse bem. Se comprarmos um bem a prazo, o desembolso se dará depois da aquisição. Se adiantarmos o dinheiro para posterior recebimento do bem ou serviço, o desembolso ocorrerá antes do recebimento desse bem ou serviço.

Desempenho: relação das receitas e das despesas da entidade na forma como estão divulgadas na demonstração do resultado e do resultado abrangente.

Despesas: são gastos incorridos para, direta ou indiretamente, gerar receitas. As despesas podem diminuir o ativo e/ou aumentar o passivo exigível, mas sempre provocam diminuições na situação líquida. Outras nomenclaturas poderão expressar as contas de despesas e receitas: aluguéis pagos (ou passivos) ou despesas de aluguéis (despesas). Aluguéis recebidos (ou ativos) ou receitas de aluguéis (receitas). Juros pagos (ou passivos) ou despesas de juros (despesas). Juros recebidos (ou ativos) ou receitas de juros (receitas).

Despesas antecipadas: compreendem as despesas pagas antecipadamente, que serão consideradas como custos ou despesas no decorrer do exercício seguinte. Por exemplo: seguros a vencer, aluguéis a vencer, material de expediente e encargos/juros a apropriar.

Despesas tributárias: valor total incluído na demonstração do resultado para o período contábil referente aos tributos sobre o lucro corrente e diferido.

Desreconhecimento: retirada (baixa, na maior parte das vezes) de ativo ou passivo reconhecido anteriormente do balanço patrimonial da entidade.

Diferenças temporais: diferenças entre o valor contábil de ativo, passivo ou outro item nas demonstrações contábeis e sua base de cálculo fiscal que a entidade espera que vá afetar o lucro tributável quando o valor contábil do ativo ou passivo for recuperado ou liquidado (ou, no caso de itens que não sejam ativos ou passivos, que afetarão o lucro tributável no futuro).

Diferido: aplicações de recursos em despesas que contribuirão para lucro em mais de um exercício social, como pesquisa e desenvolvimento, despesas pré--industriais/pré-operacionais.

Disponível: composto pelas disponibilidades imediatas e que são representadas pelas contas de caixa, bancos, conta-movimento, cheques em cobrança e aplicações no mercado aberto.

Direito: são todos os valores que uma empresa ou entidade tenha a receber de terceiros, por exemplo, clientes (comumente chamados de fregueses), sendo gerados por vendas a prazo ou valores de propriedade da empresa ou entidade, que se encontram em posse de terceiros.

Direito de aquisição: na transação de pagamento baseado em ações, o direito da contraparte de receber dinheiro, outros ativos ou instrumentos patrimoniais da entidade quando o direito da contraparte não for mais condicionado à satisfação de quaisquer condições de aquisição.

Duplicata: título de crédito cuja quitação prova o pagamento de obrigação oriunda de compra de mercadorias ou de recebimentos de serviços. É emitida pelo credor (vendedor da mercadoria) contra o devedor (comprador), devendo ser remitida a este último para que a assine (aceite), reconhecendo seu débito. Esse procedimento é denominado "aceite".

E

Empreendimento controlado em conjunto (*joint venture*): acordo contratual por meio do qual duas ou mais partes empreendem uma atividade econômica que está sujeita ao controle conjunto. Empreendimentos conjuntos podem assumir a forma de operações controladas conjuntamente, ativos controlados conjuntamente ou entidades controladas conjuntamente.

Empréstimo a pagar: passivos financeiros que são obrigações comerciais de curto prazo a pagar em condições de crédito normais.

Entidade governamental: entidade do governo federal, estadual ou municipal, agências governamentais e órgãos semelhantes, locais, nacionais ou internacionais.

Equação fundamental da contabilidade: ativo = passivo exigível + patrimônio líquido.

Equivalente de caixa: investimentos de curto prazo, altamente líquidos, que são prontamente conversíveis em dinheiro e que estão sujeitos a risco insignificante de alterações no seu valor até sua efetiva conversão em caixa.

Estoques: representam os bens destinados à venda e que variam de acordo com a atividade da empresa ou entidade. Por exemplo: produtos acabados, produtos em elaboração, matérias-primas e mercadorias para revenda.

Exaustão: é o esgotamento dos recursos naturais não renováveis, como minérios e florestas, em virtude de sua utilização para fins econômicos, registrados no ativo permanente.

Exercício social: é o espaço de tempo (12 meses), findo o qual as pessoas jurídicas apuram seus resultados. Pode coincidir ou não com o ano-calendário, de acordo com o que dispuser o estatuto ou o contrato social. Perante a legislação do imposto de renda, é chamado de período-base (mensal ou anual) de apuração da base de cálculo do imposto devido.

Exigível a longo prazo: até 4 de dezembro de 2008, classificava-se como exigibilidades com vencimento após o encerramento do exercício subsequente. A partir dessa data, tais exigibilidades são denominadas "passivo não circulante", no entanto, essa nomenclatura ainda é utilizada para fins de análise dos demonstrativos contábeis.

F

Fatos administrativos: são os que provocam alterações nos elementos do patrimônio ou do resultado. Por essa razão, também são denominados fatos contábeis.

Fatos mistos ou compostos: são os que combinam fatos permutativos com fatos modificativos. Logo, podem ser aumentativos (combinam fatos permutativos com fatos modificativos aumentativos) ou diminutivos (combinam fatos permutativos com fatos modificativos diminutivos).

Fatos modificativos: são os que provocam alterações no valor do patrimônio líquido (PL) ou situação líquida (SL). Podem ser aumentativos (quando provocam acréscimos no valor do patrimônio líquido) ou diminutivos (quando provocam reduções no valor do patrimônio líquido).

Fatos permutativos: são os que não provocam alterações no valor do patrimônio líquido (PL) ou situação líquida (SL), mas podem modificar a composição dos demais elementos patrimoniais.

Faturamento: é o total das faturas emitidas em determinado período ou exercício social pela venda de bens e serviços da empresa ou entidade.

Fluxos de caixa: entradas e saídas de caixa e equivalentes de caixa.

Funções da contabilidade: registrar, organizar, demonstrar, analisar e acompanhar as modificações do patrimônio em virtude da atividade econômica ou social que a empresa (ou entidade) exerce no contexto econômico.

G

Ganhos: aumentos em benefícios econômicos, que, como tais, não são diferentes em sua natureza das receitas.

Gastos: termo abrangente e definido como "sacrifícios com que arcam a empresa ou entidade, visando à obtenção de bens ou serviços, mediante a entrega ou promessa de entrega de parte de seu ativo, sendo esses ativos representados normalmente em dinheiro". O gasto pode ser investimento, custo ou despesa.

Grupo econômico: controladora e todas as suas controladas.

I

Imobilizado: bens e direitos destinados às atividades da empresa, tais como terrenos, edifícios, máquinas e equipamentos, veículos, móveis e utensílios, obras em andamento para uso próprio etc.

Impostos: somente o governo (federal, estadual ou municipal) pode cobrar impostos. Assim, as empresas nunca terão receitas dessa natureza. Os impostos mais comuns são: Imposto Predial, Imposto Territorial, Imposto sobre Circulação de Mercadorias e Serviços (ICMS), Imposto de Renda (IR), Contribuição Social sobre Lucros (CSL), PIS, Cofins e ISS.

Impostos sobre vendas: IPI, ICMS, PIS, Cofins e ISS são considerados redutores das receitas brutas de vendas ou faturamento bruto.

Índice de liquidez corrente: busca demonstrar a capacidade de pagamento da empresa no curto prazo. O crescimento exagerado das contas a receber, principalmente quando ocasionado por aumento de inadimplência, ou a avolumação dos estoques, em decorrência de falhas em linhas de produção ou obsolescência, deve ser expurgada do cálculo desse índice. A fórmula é: ativo circulante/passivo circulante.

Índice de liquidez geral: sua função é indicar a liquidez da empresa no curto e longo prazo, por isso o nome liquidez geral. Uma observação importante é que alguns valores registrados no RLP podem ser dificilmente "realizáveis" na prática, como determinados depósitos judiciais, os quais deverão ser excluídos do cálculo do ILG. A fórmula é: (AC + RLP)/(PC + ELP).

Índice de liquidez imediata: significa a capacidade de liquidação de toda dívida (passivo circulante) dos próximos 12 meses imediatamente, ou seja, contam-se com os valores em caixa, bancos e aplicações financeiras para pagamento dos passivos vencíveis no exercício subsequente. Comumente, diz-se da capacidade de pagar a todos os credores que estiverem à nossa porta. A fórmula é: disponível/passivo circulante.

Índice de liquidez seco: esse índice representa a capacidade de pagamento da empresa no curto prazo sem levar em conta os estoques, que são considerados elementos menos líquidos do ativo circulante. Após retirarmos os estoques do cálculo, a liquidez da empresa passa a não depender de elementos não monetários, suprimindo a necessidade do esforço de "venda" para quitação das obrigações de curto prazo. A fórmula é: (ativo circulante − estoque)/passivo circulante.

Instrumento financeiro: contrato que origina um ativo financeiro de uma entidade e um passivo financeiro ou instrumento patrimonial de outra entidade.

Instrumento financeiro composto: instrumento financeiro que, do ponto de vista do emissor, inclui um componente de dívida e um componente patrimonial.

Instrumento financeiro negociado em mercado organizado: instrumentos negociados ou em processo de emissão para negociação em mercado de ações (em bolsa de valores nacional ou estrangeira ou em mercado de balcão, incluindo mercados locais ou regionais).

Investimentos: recursos aplicados em participações em outras sociedades e em direitos de qualquer natureza que não se destinam à manutenção da atividade da empresa. O conceito principal é que a empresa não deve usar os bens nas suas atividades rotineiras, tais como ações, patentes, obras de arte, imóveis destinados a arrendamento, imóveis não utilizados.

Itens monetários: unidades monetárias disponíveis e ativos e passivos a serem recebidos ou pagos sem valor fixo ou determinável de unidades monetárias.

L

Licença remunerada acumulável: ausências remuneradas que serão compensadas em períodos futuros, quando não totalmente compensadas no período corrente (como férias).

Lucro: ocorre quando o total das receitas supera o total das despesas de uma empresa ou entidade com fins lucrativos.

Lucro bruto: representado pelas receitas/vendas operacionais brutas deduzidas dos impostos sobre as vendas e deduções por devoluções.

Lucro líquido antes do imposto de renda: resultado apresentado quando ocorre dedução do lucro operacional de despesas não operacionais e acrescido de receitas não operacionais.

Lucro líquido depois do imposto de renda: resultado disponível para distribuição aos proprietários a partir do lucro líquido antes do IR deduzido das provisões para IRPJ e CSSL.

Lucro operacional: demonstrado pelo lucro bruto deduzido das despesas operacionais, tais como comerciais, administrativas, financeiras líquidas e tributárias.
Lucro tributável (prejuízo fiscal): o lucro (prejuízo) para um período de declaração sobre o qual tributos sobre o lucro são pagáveis ou recuperáveis, determinados de acordo com as regras estabelecidas pelas autoridades tributárias. Lucro tributável é igual à receita tributável menos quantias dedutíveis da receita tributável.
Lucros acumulados: resultados positivos acumulados da entidade legalmente ficam em destaque, mas, tecnicamente, enquanto não distribuídos ou capitalizados, podem ser considerados reservas de lucros.

M

Materialidade: omissões ou declarações inexatas de itens são materiais se puderem, individual ou coletivamente, influenciar nas decisões econômicas de usuários tomadas com base nas demonstrações contábeis. A materialidade depende do tamanho e da natureza da omissão ou imprecisão julgada nas circunstâncias que a envolvem. O tamanho e a natureza do item ou a combinação de ambos poderia ser o fator determinante.
Mensuração: processo de determinação de quantias monetárias com que os elementos das demonstrações contábeis devem ser reconhecidos e apresentados no balanço patrimonial, na demonstração do resultado e na demonstração do resultado abrangente.
Método da taxa efetiva de juros: método de cálculo do custo amortizado de ativo ou passivo financeiro (ou grupo de ativos ou passivos financeiros) e de alocação da receita ou da despesa de juros sobre o período pertinente (método do juro composto).
Método de crédito unitário projetado: método de avaliação atuarial que percebe cada período como originando uma unidade adicional de direito ao benefício e que mede cada unidade separadamente para constituir a obrigação final (o que, algumas vezes, é chamado de método de benefício acumulado proporcional ao tempo de serviço ou método de anos/benefício de serviço).
Moeda de apresentação: moeda em que as demonstrações contábeis são apresentadas.
Moeda funcional: moeda do ambiente econômico principal em que a entidade opera.
Mudança de estimativa contábil: ajuste do valor contábil de ativo ou passivo, ou a quantia da baixa periódica de ativo que resulte da estimativa da situação

de ativos e passivos, bem como de benefícios futuros esperados e obrigações a eles relacionadas. Mudanças nas estimativas contábeis resultam de novas informações ou novos desdobramentos e, por isso, não são correção de erros.

N

Normas internacionais de contabilidade: normas e interpretações adotadas pela Junta Internacional de Normas Contábeis (Iasb). Tais normas englobam as Normas Internacionais de Relatórios Financeiros (IFRS), as Normas Internacionais de Contabilidade (IAS) e as interpretações desenvolvidas pelo Comitê de Interpretações das Normas Internacionais de Relatórios Financeiros (Ifric) ou pelo antigo Comitê Permanente de Interpretações (SIC).

Nota promissória: título de dívida líquida e certa pelo qual a pessoa se compromete a pagar a outra certa quantia em dinheiro em determinado prazo. Por se tratar de título emitido pelo devedor a favor do credor, dispensa a formalidade do aceite.

Notas explicativas (NE): visam fornecer as informações necessárias para esclarecimento da situação patrimonial, ou seja, de determinada conta, saldo ou transação, ou de valores relativos aos resultados do exercício, ou para menção de fatos que podem alterar futuramente tal situação patrimonial, ou, ainda, estar relacionada a qualquer outra das demonstrações financeiras. As notas explicativas contêm informações além daquelas apresentadas no balanço patrimonial, na demonstração do resultado abrangente, na demonstração do resultado, nas demonstrações dos lucros ou prejuízos acumulados e do valor adicionado (se apresentadas), na demonstração das mutações do patrimônio líquido e na demonstração dos fluxos de caixa, oferecendo descrições narrativas ou composição de valores apresentados nessas demonstrações e informações sobre itens que não se qualificam para o reconhecimento nessas demonstrações.

O

Obrigação pública de prestação de contas (*accountability*): obrigação de prestação de contas aos fornecedores de recursos presentes e potenciais, e outros externos à entidade que tomam decisões econômicas, mas não estão em posição de exigir relatórios feitos sob medida para atender a suas necessidades particulares de informação. A entidade tem responsabilidade pública se seus instrumentos de dívida ou patrimoniais são trocados em mercado de ações ou se estiver no processo de emissão de tais instrumentos para troca em mercado de ações (em bolsa de valores nacional ou estrangeira ou em mercado de balcão, incluindo mercados locais ou regionais) ou se possuir ativos em condição fiduciária perante grupo amplo de terceiros como um de seus principais negócios. Esse é o caso típico de bancos, cooperativas de crédito, companhias de seguro, corretoras de seguro, fundos mútuos, bancos de investimento etc.

Obrigações: são dívidas ou compromissos de qualquer espécie ou natureza assumidos perante terceiros ou bens de terceiros que se encontram de posse da empresa ou entidade.

Operação descontinuada: componente da entidade que foi alienado ou detido para venda e representa um ramo separado de negócios importante ou área geográfica de operações. É parte de um plano coordenado, único, para liquidar um ramo separado de negócios importante ou área geográfica de operações, ou é uma controlada adquirida exclusivamente com vistas à revenda.

Outros resultados abrangentes: itens de receita e despesa (incluindo ajustes de reclassificação de receita) que não são reconhecidos como resultado, conforme exigido ou permitido.

P

Participação de não controladores: parte do patrimônio líquido da controlada não atribuível, direta ou indiretamente, à controladora (comumente conhecida como participação de minoritários).

Passivo: obrigação presente da entidade, derivada de eventos já ocorridos, cuja liquidação, se espera, resulte em saída de recursos capazes de gerar benefícios econômicos.

Passivo a descoberto: quando o total de ativos (bens e direitos) da entidade é menor que o passivo exigível (obrigações).

Passivo circulante: obrigações ou exigibilidades que deverão ser pagas no decorrer do exercício seguinte, tais como fornecedores, duplicatas a pagar, contas a pagar, títulos a pagar, empréstimos bancários, impostos a pagar/recolher, salários/encargos a pagar.

Passivo contingente: obrigação possível que resulta de acontecimentos passados e cuja existência será confirmada apenas pela ocorrência ou não de um ou mais acontecimentos futuros incertos não totalmente sob controle da entidade, ou obrigação presente que resulta de acontecimentos passados, mas que não é reconhecida.

Passivo de benefício definido (valor presente): valor presente da obrigação de benefício definido no final do período contábil, deduzido do valor justo nesse mesmo período de quaisquer ativos do plano (se houver), dos quais as obrigações devem ser liquidadas diretamente.

Passivo exigível: são as obrigações (ou dívidas) financeiras para com terceiros. Contas do passivo exigível são contas de natureza credora.

Passivo financeiro: qualquer passivo que seja obrigação contratual de entregar dinheiro ou outro ativo financeiro para outra entidade ou de trocar ativos ou passivos financeiros com outra entidade sob condições potencialmente desfavoráveis à entidade ou, ainda, um contrato que será ou poderá vir a ser liquidado por meio de instrumentos patrimoniais da própria entidade e pelo qual a entidade é ou pode ser obrigada a receber número variável de instrumentos patrimoniais da própria entidade.

Passivo fiscal diferido: tributo a pagar ou a compensar em períodos contábeis futuros, referente a diferenças temporárias.

Passivo não circulante: obrigações da entidade, inclusive financiamentos para aquisição de direitos do ativo não circulante, quando vencerem após o exercício seguinte.

Patrimônio: é o conjunto de bens, direitos e obrigações de uma pessoa (física ou jurídica) que pode ser avaliado em moeda.

Patrimônio líquido: também conhecido como situação líquida, sendo considerado o valor que os proprietários têm aplicado na empresa ou entidade. Contas do patrimônio líquido têm saldos credores, dividindo-se em capital social, reservas de capital, reservas de reavaliação, reservas de lucros, lucros/prejuízos acumulados.

Perda: é o consumo involuntário ou anormal de um bem ou serviço. As perdas decorrentes de fatores externos se transformarão em despesas, e as de fatores decorrentes da atividade produtiva, em custos. Podemos utilizar como exemplos: incêndio, greve, perda de matéria-prima etc.

Perdas por desvalorização (*impairment*): valor contábil do ativo que excede no caso de estoques, seu preço de venda menos o custo para completá-lo e despesa de vendê-lo, ou no caso de outros ativos, seu valor justo menos a despesa para a venda.

Período de divulgação: período coberto pelas demonstrações contábeis ou por demonstração contábil intermediária.

Período intermediário: período de prestação de contas menor que um exercício social completo.

Permanente: até 4 de dezembro de 2008, relacionavam-se com bens e direitos classificáveis nos investimentos, imobilizado, diferido e intangível. Após essa data, tal grupo passou a denominar-se ativo não circulante, extinguindo-se também o subgrupo do diferido.

Política contábil: princípios, bases, convenções, regras e práticas específicos aplicados pela entidade na elaboração e apresentação das demonstrações contábeis.

Posição financeira: relação de ativos, passivos e patrimônio da entidade na forma como estão divulgados no balanço patrimonial.

Prejuízos acumulados: conta que registra as perdas acumuladas da empresa ou entidade, já absorvidas as demais reservas ou lucros acumulados.

Princípio contábil: são regras que passaram a ser seguidas e aceitas, constituindo a teoria que fundamenta a ciência contábil. No Brasil, os princípios contábeis são os estabelecidos pela Resolução CFC n. 750/93, sendo utilizados na formação deste glossário.

Princípio da atualização monetária: existe em função do fato de que a moeda – embora universalmente aceita como medida de valor – não representa unidade constante de poder aquisitivo. Por consequência, sua expressão formal deve ser ajustada, a fim de que permaneçam substantivamente corretos – isto é, segundo as transações originais – os valores dos componentes patrimoniais e, consequentemente, o patrimônio líquido.

Princípio da competência: é o princípio que estabelece quando determinado componente deixa de integrar o patrimônio para transformar-se em elemento modificador do patrimônio líquido (ou situação líquida). Em outras palavras, deve-se registrar o fato administrativo na consumação ou ocorrência do mesmo, independentemente de seu pagamento ou recebimento.

Princípio da continuidade: afirma que o patrimônio da entidade, na sua composição qualitativa e quantitativa, depende das condições em que provavelmente se desenvolverão as operações da entidade. A suspensão das suas atividades pode provocar efeitos na utilidade de determinados ativos com a perda até mesmo integral de seu valor. A queda no nível de ocupação pode também provocar efeitos semelhantes.

Princípio da entidade: reconhece o patrimônio como objeto da contabilidade e afirma a autonomia patrimonial, a necessidade da diferenciação de um patrimônio particular no universo dos patrimônios existentes, independentemente de pertencer a uma pessoa, um conjunto de pessoas, uma sociedade ou instituição de qualquer natureza ou finalidade, com ou sem fins lucrativos. Por consequência, nessa acepção, o patrimônio não se confunde com aqueles dos seus sócios ou proprietários, no caso de sociedade ou instituição.

Princípio da oportunidade: refere-se, simultaneamente, à tempestividade e à integridade do registro do patrimônio e das suas mutações, determinando que ele seja feito de imediato e com a extensão correta, independentemente das causas que as originaram.

Princípio da prudência: determina a adoção do menor valor para os componentes do ativo e do maior para os do passivo, sempre que se apresentem alternativas igualmente válidas para a quantificação das mutações patrimoniais que alterem o patrimônio líquido.

Princípio do registro pelo valor original: determina que os componentes do patrimônio devem ser registrados pelos valores originais das transações com o mundo exterior, expressos a valor presente na moeda do país, que serão mantidos na avaliação das variações patrimoniais posteriores, inclusive quando configurarem agregações (acréscimo) ou decomposições (decréscimo) no interior da empresa ou entidade.

Propriedade para investimento: imóvel (terreno ou construção, ou parte de construção, ou ambos) mantido pelo proprietário ou arrendatário sob arrendamento para receber pagamento de aluguel ou para valorização de capital, ou ambos, que não seja para o uso na produção ou fornecimento de bens ou serviços, para fins administrativos ou para venda no curso normal dos negócios.

Provisão: acréscimo de exigibilidade cujo valor e/ou prazo de pagamento ainda não está totalmente definido.

Provisão para devedores duvidosos (PDD): conta redutora das contas/duplicatas a receber decorrentes de perdas verificadas em períodos anteriores em determinado valor para cobertura das duplicatas que sejam consideradas incobráveis. Até pouco tempo, a PDD podia ser feita com base em percentual histórico de perdas registradas em relação ao total de contas a receber. Esse percentual (regra geral) era de 3%. Atualmente, a legislação brasileira (Lei 9.430/96, arts. 9º ao 14) determina que a PDD seja constituída com base em relatório detalhado, do qual devem constar os títulos considerados incobráveis e com a indicação das medidas adotadas para concluí-lo e que não surtiram efeito. Dessa forma, não há que se falar em percentual fixo de PDD ou de provisão efetuada na experiência histórica de cada empresa. É necessário ter controle total das contas/duplicatas a receber e, assim, não recolher impostos sobre importâncias sequer recebidas. Exclusivamente para efeito contábil (demonstrações financeiras), as sociedades podem (e devem) ajustar seus direitos de acordo com as expectativas de mercado ou em relação a determinado negócio, mas em termos fiscais (base de tributação) essas provisões não são dedutíveis (existem regras e exceções que devem ser aplicadas de acordo com o regulamento do imposto de renda e as normas do Conselho Federal de Contabilidade).

R

Realizável a longo prazo: direitos realizáveis após o término do exercício subsequente, tais como depósitos compulsórios, impostos diferidos, direitos derivados de vendas, adiantamentos ou empréstimos a sociedades coligadas ou controladas, acionistas, diretores ou participantes no lucro (não constituem negócios usuais).

Receita: são entradas de elementos para o ativo da empresa, na forma de bens ou direitos que sempre provocam aumento da situação líquida – aumento de benefícios econômicos durante o período contábil, na forma de entradas ou aumentos de ativos ou reduções de passivos, que resultam em aumento no patrimônio líquido, com exceção daqueles relativos a contribuições de capital feitas por proprietários.

Receita bruta: é o total do faturamento (faturas emitidas) em determinado período ou exercício social pela venda de bens e serviços da empresa ou entidade.

Reconhecimento: o processo de incorporação ao balanço patrimonial ou à demonstração do resultado e do resultado abrangente de item que atende à definição de elemento e que é provável benefício econômico futuro associado com o item que flua para ou da entidade e que tenha custo ou valor que pode ser mensurado com confiança.

Regime de caixa: quando, na apuração dos resultados do exercício, são considerados apenas os pagamentos e recebimentos efetuados no período. Só pode ser utilizado em entidades sem fins lucrativos, em que os conceitos de recebimentos e pagamentos muitas vezes identificam-se com os conceitos de receitas e despesas.

Regime de competência: quando, na apuração dos resultados do exercício, são consideradas as receitas e despesas, independentemente de seus recebimentos ou pagamentos. É obrigatório em todas as entidades com fins lucrativos.

Reservas de capital: são contribuições recebidas por proprietários ou de terceiros, que nada têm a ver com as receitas ou ganhos.

Reservas de lucros: são obtidas pela apropriação de lucros da companhia ou da empresa por vários motivos, por exigência legal, estatutária ou outras razões.

Reservas de reavaliação: indicam acréscimo de valor ao custo de aquisição de ativos já corrigidos monetariamente, baseado no mercado, devendo ser obtido por meio de laudo de avaliação assinado por profissional habilitado (contador, engenheiro, economista) e credenciado até 31 de dezembro de 2007. A possibilidade de formação de tais reservas foi extinta pela Lei 11.638/2007.

Resultado abrangente: mutação no patrimônio líquido durante um período, resultante de transações e outros eventos, exceto mutações resultantes de transações de capital com proprietários e em sua condição de proprietários (igual à soma do lucro ou prejuízo líquido do período com os outros resultados abrangentes).

Resultado de exercício futuro: compreende as receitas recebidas antecipadamente (receita antecipada) que, de acordo com o regime de competência, pertence a exercício futuro, deduzido das respectivas despesas e custos. Esse grupo foi extinto pela MP 449/2008.

Resultado do período: total das receitas menos as despesas, excluindo os itens de outros resultados abrangentes.

Resultado operacional (lucro ou prejuízo operacional): é aquele que representa o resultado das atividades principais ou acessórias, que constituem objeto da pessoa jurídica.

S

Situação líquida negativa: também chamada de passivo a descoberto ou deficitário, pois o total dos elementos negativos (obrigações) supera o total dos elementos positivos (bens e direitos).

Situação líquida positiva: é também conhecida como superavitária, ocorrendo quando o total dos elementos positivos (bens e direitos) supera o total dos elementos negativos (dívidas e/ou obrigações).

Subvenção governamental: assistência dada pelo governo na forma de transferências de recursos a uma entidade em troca do cumprimento de certas condições relacionadas às suas atividades operacionais.

Superávit: termo utilizado em finanças para representar o saldo positivo de operações financeiras de caixa e bancos. Em contabilidade pública, representa o equivalente ao lucro na empresa privada, ou seja, quando as receitas públicas superam as despesas públicas.

T

Taxa efetiva de juros: taxa que desconta os pagamentos ou recebimentos futuros de caixa estimados durante a vida esperada do instrumento financeiro ou,

quando apropriado, por período mais curto ao valor contábil líquido do ativo ou passivo financeiro.
Tempestividade: oferecer a informação nas demonstrações contábeis dentro do período adequado para a decisão.
Transação com partes relacionadas: transferência de recursos, serviços ou obrigações entre partes relacionadas, independentemente do preço cobrado.
Transação de pagamento baseada em ações: transação na qual a entidade recebe bens ou serviços (incluindo serviços de empregado) como compensação por instrumentos patrimoniais da entidade (incluindo ações ou opções de ação) ou adquire bens ou serviços contraindo passivos com o fornecedor desses bens ou serviços por valores que são baseados no preço das ações da entidade ou outros instrumentos patrimoniais da entidade.
Tributo corrente: tributo a pagar (recuperável) referente ao lucro tributável (prejuízo fiscal) para o período de declaração corrente e períodos passados.
Tributo diferido: tributo a pagar (recuperável), referente ao lucro tributável (prejuízo fiscal) para períodos de declaração futuros, em decorrência de transações ou eventos passados.
Tributos sobre o lucro: todos os impostos nacionais e estrangeiros que têm como base lucros tributáveis. Imposto de renda também inclui impostos, tais como impostos retidos na fonte, que são pagos por controlada, coligada ou empreendimento controlado em conjunto, em distribuições de resultado para a entidade.

U

Unidade geradora de caixa: menor grupo de ativos identificáveis que gera entradas de caixa que são, em grande parte, independentes de entradas de caixa de outros ativos ou grupos de ativos.

V

Valor contábil: valor em que um ativo ou passivo é reconhecido no balanço patrimonial.
Valor depreciável: custo do ativo ou outra quantia substituta do custo (nas demonstrações contábeis) menos o seu valor residual.
Valor em uso: valor presente de fluxos de caixa futuros que, se espera, venha a ser gerado com um ativo ou uma unidade geradora de caixa.
Valor intrínseco: a diferença entre o valor justo das ações pelo qual a contraparte tem direito (condicional ou incondicional) de subscrever ou direito de

receber e o preço (se existir) que a contraparte tem de pagar por essas ações. Por exemplo, uma opção de ação tem preço de exercício de R$ 15, e a ação tem um valor justo de R$ 20; o valor intrínseco, então, é de R$ 5.

Valor justo: valor pelo qual um ativo pode ser trocado, um passivo liquidado ou um instrumento patrimonial concedido, entre partes conhecedoras e dispostas a isso, em uma transação em que não haja relação de privilégio entre elas.

Valor justo menos despesas para vender: valor que pode ser obtido com a venda de ativo ou unidade geradora de caixa, em uma transação entre as partes, isentas de interesse, que devem ser conhecedoras e dispostas a isso, menos as despesas da venda.

Valor presente: estimativa do valor presente descontado de fluxos de caixa líquidos no curso normal dos negócios.

Valor recuperável: o maior valor entre o valor justo diminuído das despesas de venda de um ativo e seu valor em uso.

Valor residual de ativo: valor estimado que a entidade obteria no presente com a alienação do ativo, após deduzir as despesas estimadas da alienação, se o ativo já estivesse com a idade e com a condição esperada no fim de sua vida útil.

Venda: fato administrativo que apresenta a promessa de entrega de um bem ou serviço que pode efetivar-se ou não, geralmente caracterizado por um pedido ou ordem de compra.

Vida útil: período ao longo do qual se espera que um ativo esteja disponível para uso pela entidade ou o número de unidades de produção ou de unidades similares que se espera obter do ativo pela entidade.

Referências

ATKINSON, A.A.; BANKER, R.D.; KAPLAN, R.S. et al. *Contabilidade gerencial*. São Paulo: Atlas, 2000.
BACKER, J. *Contabilidade de custos*. São Paulo: McGraw-Hill do Brasil, 1972.
CARDOSO, R.L.; MÁRIO, P.C.; AQUINO, A.C.B. *Contabilidade gerencial: mensuração, monitoramento e incentivos*. São Paulo: Atlas, 2007.
[CPC] COMITÊ DE PRONUNCIAMENTOS CONTÁBEIS. Disponível em: <http://www.cpc.org.br/CPC>. Acessado em: dez. 2015. [Pronunciamentos consultados; CPC00R1, CPC16R1, CPC26R1 e CPC30R1]
CREPALDI, S.A. *Contabilidade gerencial: teoria e prática*. São Paulo: Atlas, 2008.
GARRISON, R.H.; NOREEN, E.W.; BREWER, P.C. *Contabilidade gerencial*. 14.ed. Porto Alegre: AMGH Editora, 2013.
HORNGREN, C.T.; SUNDEM, G.L.; STRATTON, W.O. *Introduction to management accounting*. Upper Saddle River: Prentice-Hall, 1996.
HORNGREN, C.T.; DATAR, S.M.; FOSTER, G. *Contabilidade de custos*. 11.ed. São Paulo: Pearson Prentice Hall, 2004.
[IBRACON] INSTITUTO DOS AUDITORES INDEPENDENTES DO BRASIL. Norma e procedimento de contabilidade n. 2 (NPC 2). Disponível em: http://www.ibracon.com.br. Acessado em: 12 fev. 2015.
IUDÍCIBUS, S. *Análise de custos*. São Paulo: Atlas, 1988.
JOHNSON, K. *Contabilidade gerencial*. Rio de Janeiro: Campus, 1993.
KANITZ, S.C. *Contribuição à teoria do rateio dos custos fixos*. São Paulo: FEA/USP, 1972.
LEONE, G.S.G. *Curso de contabilidade de custos*. São Paulo: Atlas, 1997.
LYRIO, E.F.; ALMEIDA, S.; PORTUGAL, GT. *Gestão contábil: aspectos introdutórios*. Rio de Janeiro: NPG/UERJ, 2015.
MARTINS, E. *Contabilidade de custos*. 5.ed. São Paulo: Atlas, 1996.
_____. *Contabilidade de custos*. São Paulo: Atlas, 2010.
MENDES, J.B.; HILDEBRAND, E. *Custos como medida de desempenho e instrumento de gestão*. Curitiba: Silviconsult Engenharia, 1997.
NAKAGAWA, M. *Gestão estratégica de custos*. São Paulo: Atlas, 1991.
PADOVESE, C.L. *Curso básico gerencial de custos*. 2.ed. São Paulo: Cengage Learning, 2011.
ROBLES JR., A. *Custos da qualidade: uma estratégia para a competição global*. São Paulo: Atlas, 1994.
SIMON, H.A. *The new science of management decision*. Nova York: Harper and Row, 1960.

SZUSTER, N.; CARDOSO, R.L.; SZUSTER, F.R.; SZUSTER, F.R.; SZUSTER, F.R. *Contabilidade geral: introdução à contabilidade societária*. São Paulo: Atlas, 2008.

WARREN, C.S.; REEVE, J.M.; FESS, P.E. *Contabilidade gerencial*. São Paulo: Pioneira Thomson Learning, 2001.

Índice remissivo

A

ABC 31
Absorção 31
Alavancagem 155, 157
Análise decisorial 155
Ativo 3, 4
Avaliação de estoques 53

B

Balanço patrimonial 5, 15

C

Contabilidade de custos 3, 9, 15
Crédito 9
Custeio por absorção 31, 32, 38
Custeio variável 36, 38
Custo (s) 15, 16, 22, 31
    de produção do período 26
    diretos 22
    fixos 24
    indiretos 23
    variáveis 24

D

Débito 9
Desembolso 15

E

Despesas 3, 7, 15, 22
    fixas 25
    no patrimônio 15
    variáveis 25

E

Exercícios 65

G

Gasto 15
Glossário 183

I

Investimentos 16

M

Mão de obra direta 27
Margem de contribuição 155
Materiais diretos 27, 34, 61
Matéria-prima 8
Mix 158
    de produtos 155
Modelo de apuração de resultados 156
MPM 53, 57

P

Passivo 3, 4

Patrimônio líquido 3, 5
Peps 53
Perdas de materiais 61
Princípio
    da competência 10, 32
    da consistência ou uniformidade 9
    da prudência ou do conservadorismo 10
    da realização da receita 11
    do registro pelo valor original 9
Processo
    de apropriação de custos 31
    produtivo 155
Produtos 158
    acabados 8
    em processo 8
Produzir 155

Q

Questões
    de concurso 84
    de fixação 144
    do Enade 109
    do Exame de Suficiência (CFC) 131

R

Receitas 3, 6

Registro
    de custos 15
    pelo valor original 31
Restrição 155, 158

S

Saídas para a produção 53
Subprodutos 61
Sucatas 61, 62

T

Terceirizar 155
Terminologia 15
Tipos
    de custeio 31
    de custos 15
    de perda 61
    de sistema de custeio 31
Tomada de decisão 155

U

Ueps 53, 56

V

Variável 31